I0080420

LfK
31135

Considérant la construction

Chron

SOCIÉTÉ DE GÉOGRAPHIE COMMERCIALE

de Saint-Nazaire

---o---

MONOGRAPHIE

de la commune

D'ASSÉRAC

Extrait du XIVe Bulletin de la Société

---o---

IMPRIMERIE FRONTEAU, RUE DE L'HOTEL-DE-VILLE

1897

L K
31155

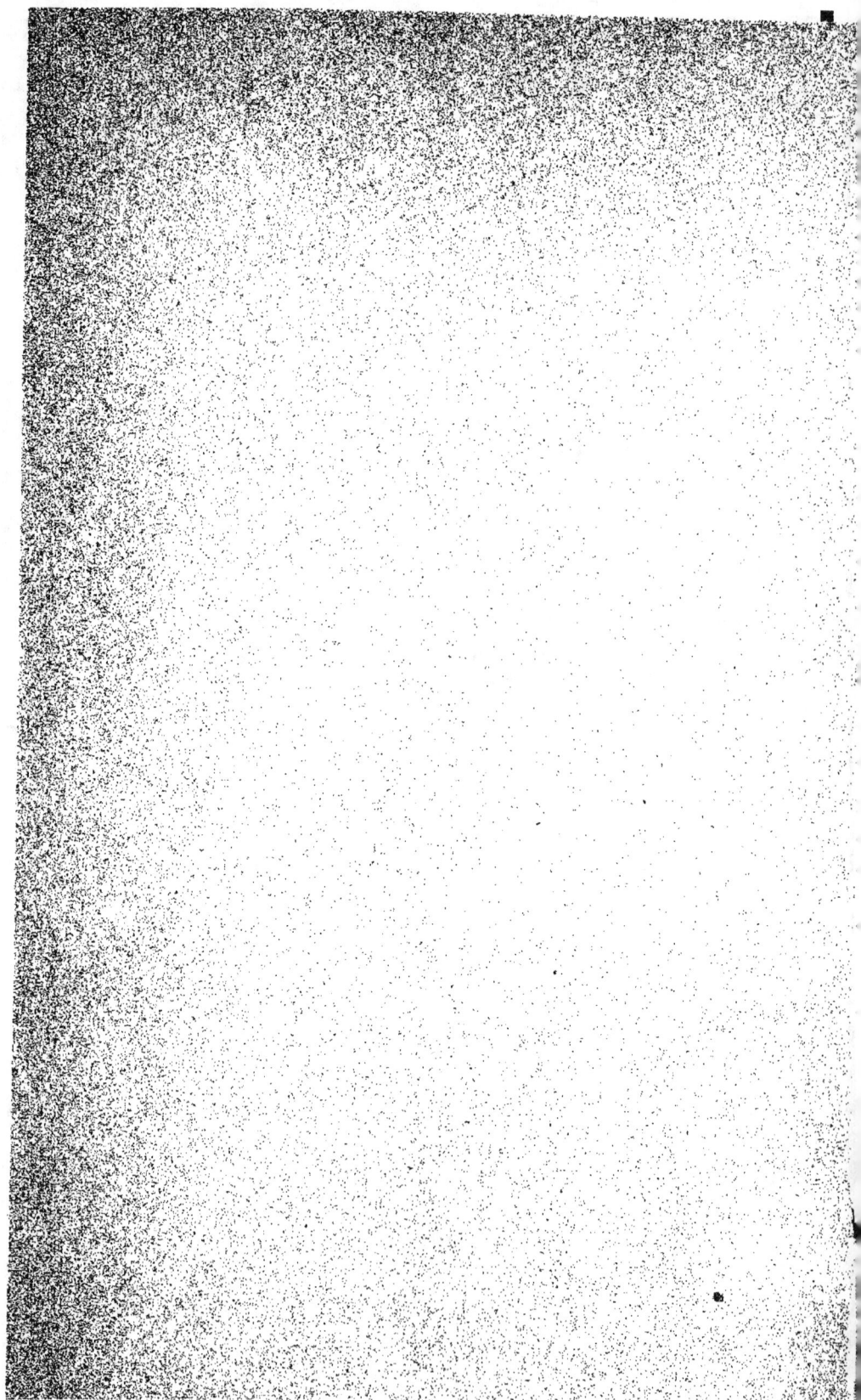

MONOGRAPHIE

de la Commune

D'ASSÉRAC

(Canton d'Herbignac)

PAR

CHIRON

INSTITUTEUR

❧❀❧

NOTA. — La Société a décerné une Médaille de Vermeil et deux volumes de *l'Histoire et Géographie de la Loire-Inférieure*, à l'auteur de ce remarquable et substantiel Travail.

7

K
211??

VUE D'ASSÉRAC (Côté Sud).

MONOGRAPHIE

DE LA

COMMUNE D'ASSÉRAC

par M. CHIRON, Instituteur

PREMIÈRE PARTIE

1° Géographie physique

Situation astronomique. — La commune d'Assérac est une commune maritime du canton d'Herbignac, arrondissement de Saint-Nazaire, située à l'Ouest du département de la Loire-Inférieure par le 4° 44' longitude O. et le 46° 26' latitude N.

Étendue superficielle. — Son étendue superficielle est portée au cadastre de 3530 h. 42 a. 41 c.

L'étendue de ses limites mesure 7 kilomètres 100 mètres du Nord au Sud, 6 kilomètres 400 mètres de l'Est à l'Ouest, 25 kilomètres 300 mètres de contour terrestre et 6 kilomètres 400 mètres de littoral, soit un contour total de 31 kilomètres 700 mètres.

La superficie de la commune est le 1/195 de celle du département et le 1/62 de celle de l'arrondissement.

Son territoire. — La commune d'Assérac est une des quatre communes du canton d'Herbignac qui comprend les communes de : Herbignac, la Chapelle-des-Marais, Saint-Lyphard et Assérac.

La commune est bornée au Nord par le département du Morbihan (communes de Penestin et de Camoël), à l'Est par la commune d'Herbignac, au Sud par les communes de Saint-Molf et de Mesquer, à l'Ouest, par l'Océan Atlantique.

3

Non loin de Poilvert se trouve la jonction des communes d'Assérac, de Camoël, de Férel et d'Herbignac.

Les limites des communes de la Chapelle-des-Marais, d'Assérac et de Saint-Lyphard avec celles d'Herbignac ont été fixées par ordonnances des 4 février et 13 mai 1829.

La commune d'Assérac comprenait Pénestin qui en a été détaché en 1767 et réuni au Morbihan en 1790.

La limite entre Assérac et la commune de Camoël a été fixée par une loi du 11 mai 1836. Jusqu'en 1828 une partie de la commune d'Assérac touchait à la Vilaine et formait la section A.

Les limites naturelles de la commune sont formées : au Nord par le ruisseau de Pont-Mahé qui sort de l'Etang du Pont de fer, puis l'Etang du Pont de fer ; à l'Est par le ruisseau de Kerougas ; au Sud par l'Etier de Pont d'Armes et à l'Ouest par les traits de Mesquer et de Pennebé.

Son terroir. — Le territoire de la commune est en partie argileux (terres fortes), ferrugineux dans certaines parties, spécialement dans la contrée s'étendant depuis les Bois de Monchois jusqu'à la limite de Pénestin. M. Louis Berthelot de la Glétais fait procéder en ce moment à des fouilles autour de Kerollivier ; il a trouvé des terres assez riches en minerai de fer. Dans les terrains nouvellement défrichés les terres sont plus légères. M. Léon Maitre signale des filons de fer au Rouer de Breziberin et le clos des forges d'Isson.

A Kermorais on rencontre l'argile pour poteries du même genre que celles de Landieul.

Les marais salants abandonnés sont des terrains tout à fait improductifs.

Depuis les travaux de desséchement dans les marais d'Assérac et de Pénestin les terres se sont améliorées et du foin d'assez bonne qualité est récolté à la place des maigres roseaux.

Ses différentes divisions : Tableau d'après le recensement de 1896

Nos	VILLAGES, HAMEAUX	NOMBRE		
		maisons	ménages	individus
1	Le Bourg	132	136	462
2	Pont-d'Armes	51	53	160
3	Kéranger	1	1	5
4	Kermorais	33	33	137
	A reporter	217	223	764

Nᵒˢ	VILLAGES, HAMEAUX	NOMBRE		
		maisons	ménages	individus
	Report......	217	223	764
5	Kerichard............	1	1	7
6	Poilvert.............	1	1	8
7	Ville-Tahon..........	2	2	9
8	Kerbernard..........	5	5	40
9	Monchois............	1	2	7
10	Kerolland...........	1	1	12
11	Bel-Air.............	1	1	10
12	Saudrais............	1	1	6
13	Caire...............	7	7	31
14	Kersafa.............	1	1	7
15	Moulin de l'Eclis.....	1	1	4
16	Limarzel............	7	7	32
17	Bournué............	1	2	9
18	Avaloué............	6	6	29
19	Kerjacob...........	4	4	29
20	Keriaval...........	1	2	9
21	Pradelan...........	10	10	40
22	Kerarnaud..........	3	3	17
23	Le Blanc...........	1	1	9
24	Le Quenet.........	3	3	23
25	Carroué............	7	8	32
26	Kerougas..........	3	2	22
27	Barzin.............	17	19	78
28	Kerollivier.........	4	5	24
29	Saint-Jossé.........	1	2	6
30	Isson.............	1	1	6
31	Kergéraud.........	9	9	42
32	Kermalinge.........	4	4	8
33	Trélogo............	5	5	26
34	Quescouillo........	1	1	4
35	Mesquéry..........	12	12	40
36	Keravelo..........	6	6	17
37	Pennebé..........	3	3	15
38	Créno.............	1	1	7
39	Ferme de l'Eclis......	1	1	11
40	Vieil Eclis.........	3	4	8
41	Lande de Caire.......	1	1	3
42	Briandais...........	1	2	6
43	Kergau............	1	2	8
44	Tenue.............	1	1	8
45	Moulin de Redunel.....	1	1	11
	A reporter......	358	375	1.489

N°ˢ	VILLAGES, HAMEAUX	NOMBRE		
		maisons	ménages	individus
	Reports......	358	375	1.480
46	Etang...............	1	2	9
47	Moulin de Kerougas....	1	1	6
48	Aurore...............	1	1	7
49	Malafer.............	1	1	5
50	Crahé...............	5	5	12
51	Plessis............	3	3	13
52	Ville-aux-Vents.......	1	1	7
53	Trivalan.........	1	1	6
54	Berzibérin...........	28	28	98
55	Faugaret............	1	1	9
56	Pen-Buzo...........	3	3	10
57	Quescouis..........	5	5	22
58	Bout-de-la-Bole	3	3	15
59	Kernay.............	10	10	38
60	Malabrie............	1	1	6
61	Parc-Guyaré	3	3	13
62	Redunel............	4	4	15
	T,OTAUX.....	430	448	1.780

Par abréviation on remplace Ker par K/ barré. (La syllabe Ker en breton signifie ville et par extension habitation, demeure. Keranger s'écrit K/anger.

Le mot penn veut dire en langue celtique pointe ou tête.

Penebé, Penn-buzo.

Le mot tré veut dire groupe de maisons : Trélogo.

Keravélo signifie ville au vents, c'est bien le cas pour le village qui porte ce nom dans la commune.

Kergo ou Kergou vient du breton et signifie la maison du forgeron.

Kergéro signifie ville aux chênes.

Barzin, demeure des Bardes, du breton Barz.

Caberno, du cab, qui signifie tête, sommet.

Pradelan, pré de la Lande.

Kersala, signifie le hameau du vacarme.

Pennebé ou Penbé, pointe du tombeau.

Lieux dits. — Les terrains avoisinant le bourg et les villages se nomment :

Au nord du bourg : les Guihos, la Grande-Ile, l'Almène, la Prée ;

Au sud : l'île de Crahé ou de Carahé, l'île du Pont-de-Bois, l'île du Bois.

Les terrains aux environs de Barzin, se nomment : le marais de Barzin, landes de Barzin, les Guibards, les Eparées, l'île de Cancro, l'île des Vignes, l'île de Prady, l'île du Bignon.

Aux environs de Pont-d'Armes, les Eparées et l'île de Pont-d'Armes. Près de la saline de la Voûte, c'est le quartier des Baules.

Entre le bourg et la Saudrais : les landes du Bourg.

Aux environs de Berziberin : le Poul-Bren et l'île de Rohel.

Entre Mesquéri et Quescouille : l'île du Moulin.

Entre Trélogo et Kermalinge : le Kerbichet et l'île de Kermalinge.

Entre Trélogo et Kergéraud : l'île du Mûr.

Au sud de Kergéraud : l'île de Rô.

Au nord de Mesquéri : la grande île de Mesquéri.

Au sud de Keravelo : l'île de Keravelo.

Aux environs du Caire : l'île des Prés, l'île d'En-Haut, l'île de la Fontaine, l'île de la Vieille-Eclis.

Près de Kersafa : l'île de la Gouraute.

Entre Limarzel et l'Eclis : l'île de K/once.

Près de Limarzel : l'île du pré Pallu.

Entre Kerarnaud et le marais : l'île de Perrin et l'île de Gralan.

Entre Kerolivier et le marais : l'île du Valli.

Au nord du Bournué : l'île du Gunibin.

Au sud du Bournué : l'île du Muri.

A l'ouest de l'Avaloué : l'île de la Crolière, l'île du Groselier.

Entre Pradelan et le Carroué, l'île de l'Angle.

Près de Bel-Air : l'île de la Porte.

Au nord de Caire : le Hesquin.

Le Paillado s'étend au nord de l'ancien chemin de Pennebé, depuis le chemin de Tréhiguier à Pont-d'Armes jusqu'à Quescouille.

Dans d'autres pays les lieux dits îles sont appelés champagnes ou pâtis.

Il est à remarquer qu'aujourd'hui les habitants ne désignent pas les villages par leurs anciens noms ou n'en désignent qu'une partie pour le tout.

Ainsi on appelle Kerbernard tout ce qui comprend cette ferme puis Berniguin et la Porte.

On appelle Barzin l'ensemble de tous les hameaux : la Salle, le Poul-Hon, Kerhavelo, le Caberno et Kerbéron.

Demandez à un habitant du bourg où se trouvent le Poul'hon et la Salle il vous répondra qu'il ne les connaît pas. On n'a conservé que le nom de Barzin.

Brézibérin est toujours désigné sous le nom de Berzibérin.

Pennebé, s'écrit : Penbé, Penbaie.

Relief du sol. — Le territoire de la commune est généralement plat : Dans la partie nord se trouvent de faibles collines qui se rattachent au grand plateau du nord séparant le bassin de la Loire des bassins de la Vilaine et de l'Océan.

L'altitude atteint 40 mètres dans les bois de Monchoix. Le bourg situé sur un faible coteau est à 13 mètres d'altitude.

Dans la partie nord de la commune, ce plateau s'étend des bois de Monchoix vers l'est, au château de Kerougas, pour se terminer, par un petit coteau, au ruisseau du même nom.

A l'ouest, ce plateau s'incline vers les Landes du bourg, en laissant apercevoir au-delà les élévations de Mesquéri.

Au sud-est, le terrain s'incline des bois de Monchoix jusqu'au marais de Barzin et la saline de la Voûte.

Au sud-ouest, les pentes s'étendent jusqu'aux landes de Caire (quartier des landes) terme employé dans le pays.

Le point culminant de la commune est dans les bois de Monchoix. (40ᵐ).

Aussi en quittant Guérande, au moulin de Crémeur, on aperçoit parfaitement les bois de Monchoix et du Quenet.

Le panorama qui se déroule à la vue au moulin de Redunel est vaste. On découvre très distinctement les hauts-fourneaux de Trignac, toute la contrée de Guérande qui se trouve à une altitude de 52 mètres.

Sur la route de Trébiguier on aperçoit l'Océan.

Le littoral forme sur le territoire de la commune une suite de falaises granitiques et gnéissiques. La mer basse laisse à découvert toute la baie, depuis Pennebé jusqu'au rocher noir, et depuis le pont Mahé jusqu'à Pennebé, en formant un renfoncement jusqu'au Créno et le moulin de l'Eclis.

Les falaises, assez élevées vers le Créno, sont percées d'un chemin (marche) par lequel descendent toutes les charrettes allant à la coupe du goémon (guillerie ou guirie).

Au bas de ces falaises se trouvent des rochers couverts de coquillages : moules, berniques, etc. ; quelques-uns même sont couverts d'huîtres et la pêche y est fructueuse à certaines marées. (Septembre 1896.)

De Penbé on aperçoit l'île Dumet, peu élevée au-dessus des pleines mers. En 1755, l'Etat construisit sur l'île une forteresse dont les derniers vestiges ont été enlevés lorsque l'Etat vendit l'île à des particuliers, il y a quelques années.

Météorologie. — La température est généralement douce. Le voisinage de la mer est la cause plus fréquente du vent. Les effets des marées se font évidemment sentir avec plus d'intensité que dans l'intérieur des terres. Les grandes marées ont causé des dégâts considérables dans les marais salants à différentes époques. La tempête du 12 novembre 1894 a été une ruine pour les paludiers. Les fossés de ces marais ont été coupés : les réparations étant considérables, il est à craindre que beaucoup de salines ne soient abandonnées. Le climat est favorable aux céréales. Les arbres fruitiers souffrent beaucoup par les vents ; aussi ne parviennent-ils pas à un développement parfait. Les arbres des haies sont un peu rabougris ; sur les côtes, ils sont rares. « En général, il est à remarquer que la température est moins chaude en été et moins froide en hiver. » (*Notice de M. Kerviler.*)

Un effet singulier des orages : Si l'orage est poussé vers la mer, il change de direction près la côte pour suivre le littoral ; s'il vient de la mer, un changement correspondant se produit et il n'aborde pas la terre. (*Orieux et Vincent.*)

Les pluies sont moins abondantes sur le littoral. (*Notice de M. Kerviler.*)

La mer forme actuellement dans la baie de Pennebé, près de la ferme, un banc de sable qui s'agrandit peu à peu, et si cela continue, il se formera une vaste grève entre la ferme et la fontaine Maria.

Hydrographie. — Les cours d'eau du territoire font partie du bassin de l'Océan. Ces cours d'eau sont de peu d'importance, si ce n'est l'étier de Pont-d'Armes. L'étang du Pont-de-Fer déverse ses eaux dans le canal des marais d'Assérac et de Penestin qui aboutit au Pont-Mahé. L'étang du Pont-de-Fer a une superficie de 48 hectares.

L'étier de Pont-d'Armes reçoit les eaux de l'étang de Pompas et celles du ruisseau de Kerougas.

L'étier de Pont-d'Armes, l'ancien Més, devait avoir, suivant M. Blanchard, un cours bien plus rapide avant l'ensablement de la baie de Mesquer : le pont gallo-romain de Trébézan, en Saint-Molf, était jeté sur l'étier à plus d'un kilomètre de celui qui existe de nos jours, évidemment à cause de la force des marées et du courant. Le pont actuel de la Voûte, à une seule arche, est solide. C'est le seul passage carrossable pour aller dans la presqu'île guérandaise. L'étier de Pont-d'Armes sert à la navigation, comme il sera dit au chapitre de la marine.

L'étang du Plessis déverse ses eaux dans le canal des marais du Bourg et l'étier de Pont-d'Armes par le ruisseau du Pont-de-Bois. L'étang du Plessis a une superficie de 2 hectares 27 ares.

Le ruisseau de Berin qui se jette dans les marais du bourg alimente le lavoir et l'abreuvoir du bourg.

Topographie. — D'après ce qui a été dit pour le relief du sol, les routes qui ont été tracées, pour la plupart, sur d'anciens chemins ruraux, présentent des pentes assez rapides, sans trop de sinuosités, ainsi que le montre la carte de la commune.

Le territoire d'Assérac est traversé par trois chemins de grande communication et 10 chemins vicinaux ordinaires.

Les chemins ruraux sont en assez mauvais état. Quelques hameaux ne sont pas encore reliés au chef-lieu par des chemins vicinaux classés.

Tableau des Chemins

Nºˢ des chemins	CHEMINS DE GRANDE COMMUNICATION		LONGUEUR
	Indication de leur direction	Parties entretenues	
2	de Piriac et la Turballe à Juigné-des-Moutiers.	du Pont de Kerougas à la Voûte.	4.115ᵐ
82	de Pont-Mahé à Férel.	de la limite de Pénestin à celle d'Assérac.	7.751ᵐ
83	de Tréguier à St-Lyphard.	de la limite de Pénestin au pont de Rodun.	7.050ᵐ

N° d'ordre	CHEMINS VICINAUX ORDINAIRES		Longueur
	Noms des chemins	Indication de la direction	
1	de la Grée	du chemin de grande communication n° 83 à Poilvert..........	2.600ᵐ
2	de Mesquéri	de la mer au chemin grande vicinalité n° 83.................	6.200ᵐ
3	de Penn-Buzo	de Pont-d'Armes à Penn-Buzo ...	1.043ᵐ
4	de Pont-d'Armes	de Pont-d'Armes au chemin petite vicinalité n° 5...............	1.406ᵐ
5	du Plessis	du chemin de grande vicinalité n° 82 au chemin de petite vicinalité n° 5...................	1.387ᵐ
7	de l'Avaloué	du chemin de grande vicinalité n° 83 à l'Avaloué.....	1.586ᵐ
9	de Quescouis	du chemin de petitte vicinalité n° 2 au chemin de petite vicinalité n° 3	752ᵐ
10	du Cimetière	du chemin de grande vicinalité n° 2 au cimetière.................	547ᵐ
11	de Camoël	du chemin de grande vicinalité n° 83 à la limite de Camoël.........	1.497ᵐ
14	Kerarnaud	du chemin de grande vicinalité n° 83 au chemin de petite vicinalité n° 7	1.401ᵐ
		TOTAL des chemins...	37 841ᵐ

Bois, superficie, principales essences — Les bois de la commune comprennent environ 28 hectares de bois taillis, 10 hectares de châtaigneraies, 8 hectares de futaies de chênes et 80 hectares de sapins. Les principaux bois sont les bois de Monchoix, propriété de M. Ernest de la Rochette ; les bois du Quenet, propriété de M. de Champsavin ; dans ces derniers une certaine étendue est plantée en chênes-verts.

Les principales essences sont : le chêne, le châtaignier, l'ormeau, un peu de hêtre, le coudrier, la bourdaine.

Les arbres à feuilles persistantes : les pins et les houx.

L'exploitation de ces bois occupe un certain nombre d'ouvriers, comme il sera dit au chapitre : condition des ouvriers.

Faune. — La faune de la commune comprend à peu près tous les animaux des contrées tempérées, avec ceux qui sont particuliers aux contrées maritimes.

Les oiseaux sédentaires : le corbeau noir, quelques corneilles, le merle, le geai, la pie, le pinson, le rouge-gorge, la bergeronnette, la perdrix, le moineau, l'alouette.

Pendant l'été : la fauvette, l'hirondelle, le martinet, le coucou, le rossignol.

En hiver, les oiseaux de passage : la bécasse, quelquefois des hérons, l'oie et le canard sauvages, l'étourneau, le vanneau, le pluvier. On a vu, il y a quelques années des spatules à Pont-Mahé.

Les oiseaux de proie : la buse, la chouette, l'épervier.

Les oiseaux de mer : le goéland, la mouette, la pie de mer, le courlis, le buton ou butor (un peu moins gros que le héron).

Les oiseaux de basses-cours : la poule, le canard, l'oie ; M. Berthelot de la Glétais a introduit quelques races de poules : les Darking et Faverolles (Seine-et-Oise), qui sont de belles volailles, si pesantes que les fermiers n'osent pas les élever parce que, disent-ils en riant : leurs poules ne peuvent voler sur leurs perchoirs.

Les animaux carnassiers : le renard, la martre, la belette, le putois ; la loutre dans l'étang du Pont-de-Fer.

On rencontre le chevreuil.

Le gibier : le lièvre, le lapin, la perdrix rouge, la perdrix grise, le moreton.

Les insectes des contrées tempérées.

Sur les rochers on pêche : l'huître, la moule, la bernique ; dans le sable, la palourde et le rigadeau.

Les poissons de mer : la sole, la raie, la plie, le congre, le mulet.

Les étangs renferment : la carpe, la tanche, l'anguille, le brochet, le gardon.

Flore. — Sur les côtes, on rencontre les plantes de la flore maritime, cependant le chalef, que l'on rencontre aux environs de Pornichet, y est très rare ; on y voit les plantes communes aux vases et marais salés.

Les plantes des sables : les joncs.

Les plantes des rochers : les algues, le gouëmon, la mousse.

Les champignons se rencontrent. Les habitants en sont peu friands.

A l'intérieur, toutes les plantes des champs, sont représentées.

Le diotis se montre à Pont-Mahé. (*Flore de l'Ouest. J. Llyod, 1854.*)

« A la pointe de Pennebé : Trifolium, angustifolium et strictum reparaissent à côté de scabiosa arvensis, linum angustifolium, galium anglicum. Autour du moulin de Pont-Mahé, une végétation active et plus variée succède aux sables. Rosa prinpinellifolia croit dans les baies et sur le sommet des rochers : les statice en couvrent le penchant tandis que des milliers d'euphorbia peplis ornent les sables qui sont à leur pied. (*Flore de l'Ouest J. Lloyd*)

Population

Ses variations. — Nombre de naissances, mariages, décès

Le chiffre de la population, d'après le dernier recensement, est de 1,780 habitants.

Ce nombre comprend :   877 habitants du sexe masculin ;
903   id.   du sexe féminin.

Total...... 1,780

Sur ce nombre il y avait :

195	personnes de	0	à	4	ans ;
168	—	de 5	à	9	ans ;
184	—	de 10	à	14	ans ;
207	—	de 15	à	19	ans ;
156	—	de 20	à	24	ans ;
870	—	de 24	et au-dessus.		

Total... 1,780

Nombre de célibataires masculins de 25 ans et au-dessus 112
     — féminins   — 91

Total....... 203

Nombre de veufs..... 46
   — de veuves.... 76

Total.... 122

Dans l'ensemble de la population 10 personnes avaient dépassé l'âge de 80 ans.

29	mariages avaient	7	enfants vivants et plus ;
15	—	6	—
27	—	5	—
56	—	4	—
48	—	3	—
48	—	2	—
36	—	1	—
27	—	0	—

Ménages

72 ménages comprenaient 7 personnes et plus ;
44	—	6	—
63	—	5	—
65	—	4	—
75	—	3	—
64	—	2	—
65	—	1	

Sur les 1780 habitants :
1443 étaient nés dans la commune ;
174 dans une autre commune du département ;
163 dans un autre département que la Loire-Inférieure.

Variations de la population

D'après le recensement de 1891 la population était de 1817 habitants
—	1886	—	1866	—
—	1881	—	1845	—
—	1876	—	1851	—
—	1872	—	1828	—
—	1866	—	1809	—
—	1861	—	1678	—
—	1857	—	1757	—
—	1852	—	1709	—
—	1841	—	1655	—
—	1836	—	1708	—

en y comprenant Vieille-Roche, qui comptait 74 habitants (pour 1836).

Naissances

En 1896 il y a eu 54 naissances ;
1895	—	39	—
1894	—	39	—
1893	—	44	—

De 1883 à 1893 il y a eu 504 naissances moyenne 50 par an
1873 à 1883	—	628	—	—	62	—
1863 à 1873	—	546	—	—	54	—
1853 à 1863	—	510	—	—	51	—
1843 à 1853	—	481	—	—	48	—
1833 à 1843	—	528	—	—	52	—
1823 à 1833	—	507	—	—	50	—

Décès

En 1896 il y a eu 23 décès ;
1895	—	34	—
1894	—	35	—
1893	—	30	—

De 1883 à 1893 il y a eu 415 décès, soit en moyenne 41 décès par an

1873 à 1883	—	422	—	—	42	—	—
1863 a 1873	—	334	—	—	33	—	—
1853 à 1863	—	456	—	—	45	—	—
1843 à 1853	—	292	—	—	29	—	—
1833 à 1843	—	289	—	—	28	—	—
1823 à 1833	—	280	—	—	28	—	—

Mariages

En 1896 il y a eu 11 mariages.

1895	—	11	—
1894	—	15	—
1893	—	12	—

De 1883 à 1893 il y a eu 120 — soit en moyenne 12 par an

1873 à 1883	—	111	—	—	11	—
1863 à 1873	—	136	—	—	13	—
1853 à 1863	—	123	—	—	12	—
1843 à 1853	—	147	—	—	14	—
1833 à 1843	—	116	—	—	11	—
1823 à 1833	—	123	—	—	12	—

En 1700 il y a eu 53 baptèmes.
— 33 sépultures.
— 13 mariages.

Particularités sur la constitution physique des habitants, leur régime alimentaire, leur longévité, leur caractère, leurs mœurs, leurs jeux, leurs usages, leur langage, leur degré d'instruction.

1° La population d'Assérac appartient en majorité au type breton : taille moyenne, corps généralement trapu, buste développé, visage ovale d'un teint mat et quelque peu bistré par l'air rude de l'Océan ; les yeux bien faits. Les infirmités de la vue y sont rares. Le nez est généralement droit, la bouche plutôt grande ; la dentition est mauvaise, beaucoup perdent leurs incisives dès l'enfance : la nature des eaux, la négligence des soins de propreté les plus élémentaires, doivent être des causes de cette perte précoce des dents.

Les infirmités physiques (claudication, mauvaise conformation des membres, etc.) y sont assez nombreuses ; il faut dire qu'elles sont en majorité héréditaires. La population dans son ensemble laisse cette impression de santé, de force et d'endurance qui caractérise tous les habitants des côtes.

2° La nourriture est simple, peu variée, mais substantielle : la galette et la bouillie de blé noir, le lait, les pommes de terre en sont les éléments principaux ; le lait, surtout aigri, et l'eau claire, constituent la boisson de bien des familles. Le porc salé est la seule viande que se permettent les laboureurs et les ouvriers. Ils consomment une notable quantité de poissons et de coquillages que leur bon marché rend accessibles à tous.

Les habitants sont tempérants et sobres : depuis quelques années, malheureusement, les hommes ont pris la funeste habitude de boire de l'alcool ; plusieurs n'apportent aucune mesure dans la satisfaction de leur malheureuse passion et les cas d'alcoolisme chronique, rares il est vrai, qui se sont produits ne semblent pas devoir corriger les autres buveurs. L'hospice de Saint-Jacques, de Nantes, ne renferme aujourd'hui aucun pensionnaire de la commune d'Assérac ; mais attendons la fin !

Les femmes ont conservé la sobriété et la tempérance d'autrefois.

3° La durée de la vie ne dépasse guère la moyenne. On voit cependant à Assérac de beaux vieillards des deux sexes portant allègrement leurs quatre-vingts ans ; les infirmités de la caducité affligent rarement la population ; on travaille presque jusqu'au dernier moment. Les maladies épidémiques contagieuses n'y règnent que rarement. La population a la mauvaise habitude de réclamer les soins de guérisseurs parfois adroits, mais n'ayant jamais la science et la sûreté de jugement du médecin, qu'on n'appelle que trop tard, bien souvent. Les maladies provenant de faiblesse constitutionnelle, de tares héréditaires sont en petit nombre, mais il faut prévoir certainement un changement si les hommes ne renoncent aux alcools frelatés dont ils abusent.

4° Le caractère n'offre pas de particularités à l'observateur : peu expansifs, avec un peu de méfiance à l'égard de l'étranger, fermes et tenaces jusqu'à l'entêtement parfois, loyaux en affaires, très attachés aux choses disparues, tels me paraissent les habitants d'Assérac. L'amour du sol natal y est profond ; ce n'est que poussés par le besoin que les habitants se décident à quitter le coin qui les a vus naître : les jeunes ont souvent la nostalgie du pays lorsque le régiment les appelle.

5° Les mœurs sont celles des habitants de la presqu'île guérandaise : dans les fermes, c'est la vie patriarcale, l'autorité entre les mains du chef de famille ; il commande et tout le monde s'incline, il est consulté dans toutes les occasions. Les habitants sont profondément attachés à la religion catholique ; les mœurs y sont pures. On désirerait peut-être trouver moins de naïveté et de superstition chez les habitants, car ils sont encore trop nombreux ceux qui croient aux sorciers, aux recettes plus ou moins diaboliques.

6° Les distractions sont rares dans nos pays où la lutte pour la vie est âpre et rude ; cependant les paysans se permettent le dimanche ce qu'on nomme ici le petit pallet. Ce jeu consiste à abattre un petit morceau de bois cylindrique, appelé galoche, portant quelques pièces de monnaie, au moyen de disques de fer. Les quilles ont aussi leurs fervents : salutaire exercice qui développe bien le corps des jeunes gens, mais funeste en ce sens qu'il est l'objet de libations continuelles. Aussi combien lui préférons-nous les tirs au fusil de chasse qui se font régulièrement tous les dimanches en été. Ces jeux, appelés ici *padegots*, sont les anciens exercices de la milice des Bons Corps organisés par François II en 1468 et qu'on appelait le Papegault.

L'enjeu en est quelquefois : une montre, un mouton, un chapeau et trop souvent, hélas ! une bouteille de tafia.

On se livre au plaisir de la danse. Les noces seules sont l'occasion de bals en plein air dont l'aspect est très pittoresque ; on y danse des rondes chantées ou dont la musique est fournie par le joueur de biniou du pays, le sonneur, comme on l'appelle. Certains airs ont un charme tout particulier fait de naïveté et de grâce charmantes.

Les jeux de cartes commencent à remplacer ces jeux si simples, si recommandables cependant ; on y joue le jeu d'aluette, importé d'Espagne, probablement, car il est particulièrement joué en Catalogne et dans le Roussillon. Le service militaire a contribué à former des joueurs de cartes assez adroits, qui se font une gloire d'initier leurs amis et de les exciter au jeu. Aussi on voit de moins en moins ces interminables jeux de boules et de pallet qui réunissaient autrefois toute la jeunesse du pays sur la place publique ; les vieillards formant une double rangée de spectateurs et de juges toujours impartiaux.

7° Une des particularités originales d'Assérac est la façon dont se font les mariages.

Les convives sont toujours nombreux, de 200 à 300 personnes. Quinze jours avant la noce, la fiancée, accompagnée d'une prieuse ou inviteuse, visite toutes les maisons de la commune afin d'inviter les personnes (les prier de vouloir bien l'assister), c'est le terme consacré. Le chef de la famille fait alors un cadeau à la fiancée : les uns donnent 10, 20, 50 centimes. Ce qui fait à la fin une bonne petite entrée en ménage.

Pendant que la fiancée récolte quelque argent, le fiancé invite les jeunes gens et il paie ce qu'on nomme la bouteille d'invitation.

Au jour fixé tout le monde se rend chez le futur et la future au son du biniou. L'unique repas se fait dans une auberge du bourg, vers une heure du soir, et chacun paie son écot. Le festin est divisé en deux parts : les gros bonnets et les plus proches parents des époux se placent à la table de la mariée et paie 2 fr. 25 par tête ; le reste prend place aux autres tables et paie 1 fr. 15 par personne. Cette coutume est particulière à Assérac et à quatre ou cinq communes voisines.

Les frais de noce sont peu élevés pour les mariés et de plus l'aubergiste fait un beau cadeau aux époux ; c'est souvent l'aubergiste qui offre le plus beau cadeau qui est certain d'avoir les noces chez lui.

Une distribution de gâteaux, appelés dessert, est faite par la famille des époux aux invités. Ensuite commencent les danses qui ne se terminent qu'à la nuit.

Les mariages se font presque tous entre jeunes gens et jeunes filles de la commune. Il est rare de voir des alliances avec des époux de différentes communes.

Dans ce dernier cas il se passe des faits si bizarres et parfois si regrettables que nous comprenons facilement que ces unions ne soient pas fréquentes. Quand la mariée doit suivre son époux dans une autre commune, les jeunes gens vont, le soir de la noce, se poster sur la limite de leur commune, pour barrer la route aux mariés et à leurs invités. Pour passer outre, il faut que le ravisseur et les assistants arrosent les rubans, paient le pot-de-vin. Si on ne s'exécute pas de bonne grâce, on en vient aux disputes, aux coups de poing ; enfin, c'est une mêlée générale, et parfois plus d'un reste sur le carreau. A la suite de ces faits, il y a quelques années, les tribunaux ont prononcé des peines de plusieurs années de prison contre des jeunes gens qui avaient cogné trop fort.

8° La population d'Assérac parle exclusivement le français, mais il est loin d'être pur et correct. Une des particularités du langage mérite d'être signalée : un grand nombre de substantifs masculins sont employés au féminin et *vice versa*. La diction est franchement mauvaise : elle est un peu chantante et lourde ; les sons AN et ON se prennent toujours l'un pour l'autre ; il en est de même des sons IN et UN ; les sons AI et E n'existent pour ainsi dire pas : on dira MÉRE pour MÈRE, MÉTRE pour MÈTRE.

Quelques mots couramment employés : *gronner* pour ficeler, empaqueter ; *fibler* un porc pour l'empêcher de *funger* veut dire passer un morceau de fer au groin pour l'empêcher de fouiller ; un pétrin se dit une *mée* ; de celui qui avance vite en besogne on dit qu'il est *fouable* ; un *punjoué* ou *puisoué* est un puisoir ; une *padel* est un bassin en terre, un *doué* est un petit lavoir, etc...

9º Les habitants d'Assérac savent lire en majeure partie : beaucoup écrivent. On voit qu'ils ont joui pendant très longtemps des bienfaits de l'instruction. Le calcul paraît être leur branche de prédilection ; en général, ils sont très fiers de pouvoir calculer le montant de leurs denrées mentalement.

Il faut cependant dire que l'instruction est peu prisée : un préjugé trop répandu est que le penseur ne travaille pas. On se préoccupe infiniment de donner aux enfants une instruction religieuse complète ; on y emploie de nombreux dévouements.

Les cours d'adultes sont bien suivis ; depuis que le service militaire est obligatoire, chacun comprend la nécessité de s'instruire, et les jeunes gens s'appliquent sérieusement à parfaire leur petit savoir. Il est à souhaiter que ces cours aillent en progressant, car la jeune génération y puisera la confiance en elle-même, la volonté de vivre honnêtement, et elle s'affranchira de mille superstitions qui ne devraient plus trouver asile dans la pensée française, au seuil du xxº siècle.

FIN DE LA PREMIÈRE PARTIE

DEUXIÈME PARTIE

COMMUNE D'ASSÉRAC

Géographie Historique

Noms successifs portés par la Commune. Événements remarquables dont elle a été le théâtre. Personnages célèbres auxquels elle a donné naissance, qui y ont habité où qui y sont inhumés.

« La paroisse d'Assérac, dit M. de Kersauson, est très ancienne ; certaines personnes ont prétendu que le nom d'Assérac lui vient de ce qu'elle fut fondée par une colonie d'Assyriens. » Habitants d'Assérac, vous avez donc une longue histoire !

Dans sa carte latine de la côte guérandaise et des voies romaines, M. Léon Maître porte *Aceracus*, et Pont d'Armes était alors *Pons-Armor*.

Toutefois Assérac a été érigé en marquisat en 1574. L'étendue de son territoire, portant le nom d'Assérac, était primitivement beaucoup plus considérable qu'aujourd'hui ; Pénestin a fait partie d'Assérac jusqu'en 1767. La partie d'Assérac qui touchait à la Vilaine et formait la section A en a été détachée pour être réunie à Camoël en 1828.

Les armoiries des marquis d'Assérac étaient, suivant le *nobiliaire et armorial de Bretagne*, par *Pol Potier de Courcy* :

Assérac d' (Sʳ du dit lieu), paroisse de ce nom — de Ranrouet paroisse d'Herbignac, év. de Nantes.

Gironné d'or et d'azur de huit pièces.
Devise : *Franc à tout venant.*

Les armoiries ont été copiées sur les vitraux de la chapelle de la Vierge de l'église actuelle. Ces vitraux ont été retirés de l'ancienne église et replacés dans la grande fenêtre de la chapelle de la Vierge, avec un vitrail représentant le père éternel et les armes des Rieux. Les armoiries sont reproduites aussi dans la clef de voûte de l'église.

Vers 1500, Claude et François, fils du seigneur d'Assérac, Jehan, sire de Rieux et de Rochefort, comte d'Harcourt, maréchal de Bretagne, régent du duché pendant la minorité de la duchesse Anne, puis maréchal de France, firent don à l'église d'Assérac du grand vitrail que l'on voyait encore avant la démolition et qui portait leurs deux blasons :

Écartelé au 1 et 4, vairé d'or et d'azur, au 2 et 3 d'azur à 5 besants d'or ; de gueules à 2 faces d'or ; le second écartelé au 1 et 4, vairé d'or et d'azur, au 2 d'azur à besants d'or ; au 3 d'or à la croix engreslé d'azur, de gueules à 2 faces d'or.

M. Lizeul, Christophe, à Pont-d'Armes, possède encore un vitrail de l'ancienne église, avec les armes des marquis d'Assérac, parfaitement conservé ; je crois qu'il en existe d'autres dans la commune.

Du nobiliaire et Armorial de Bretagne par Pol Potier de Courcy. « Guillaume, témoin en 1212 d'une donation à l'abbaye de Blanche Couronne. Fondu dans Rochefort puis Rieux en faveur desquels Asssérac a été érigé en marquisat en 1574. — Cette seigneurie acquise par les Lapriac en 1679 a passé par alliance aux Kerc'hoënt en 1775. »

De la géographie d'Orieux et Vincent. « La châtellenie de Ranrouet, chef-lieu de celle d'Assérac, dépendait de la châtellenie de la Roche-Bernard et elle était en 1210 à Guillaume d'Assérac.

« En 1420, le duc Jean V autorisa Jeanne, dame de Rochefort et de Rieux, à lever des impositions sur ses terres et baronnies pour réparer ses châteaux, dont celui de Ranrouet : les impositions portaient sur les marchandises qui entraient dans les seigneuries, soit pour y rester, soit pour y passer. En 1440, ce même duc saisit les 3/5 de la châtellenie de Ranrouet sur le sire de Rieux et de Rochefort, dont il était créancier, et les donna à trois de ses officiers ; quatre mois plus tard, sa belle-sœur, la duchesse d'Etampes, réclama contre cette saisie, au nom de son fils, qui fut duc sous le nom de François II ; elle prétendait que la créance appartenait à son fils par son mari décédé, et non au duc. Jean V renvoya l'affaire devant la cour de Nantes, et en attendant la sentence, prit divers partis peu conciliables : il destitua le procureur qu'il avait nommé pour recueillir les produits et autorisa Marie, fille de la comtesse, à jouir des revenus ; en 1442, peu de temps avant sa mort, il décida que la propriété sera remise à son neveu François ou à sa nièce Marie, selon que la sentence sera favorable à l'un ou à l'autre et, qu'en attendant le jugement, il prendrait soin de la propriété.

« Le duc Jean V, qui a fait de nombreuses terres nobles dans le canton de Guérande, annoblit, en 1438, le domaine de Kerrobert et le déchargea des deux tiers de feu auquel il était imposé ; mais pour ne pas en charger les paroissiens, il déchargea la paroisse, selon sa coutume, de deux tiers de feu.

« En 1441, il exempta Guillaume Eonnet du fouage pour services rendus, et déchargea la commune d'un demi feu.

Le duc de Mercœur avait une garnison au château de Ran-rouet, au temps de la Ligue. Le marquis d'Assérac, qui y commandait, pressurait les habitants et continua à le faire après la paix de 1598. Sur la demande itérative des Etats de Bretagne, le démantèlement du château, commencé en 1614, fut achevé en 1618.

« Le marquisat d'Assérac fut acquis par le surintendant Fouquet : après la condamnation de celui-ci, il revint à Gustave de Rieux. »

« Un seigneur d'Assérac, Pierre de Rochefort, fut maréchal de France ; un autre, Jean de Rieux, fut maréchal de Bretagne et tuteur de la duchesse Anne.

Le couvent des Cordeliers, fondé à Ancenis, en 1448, par Jeanne d'Harcourt, veuve de Jean de Rieux, renfermait, avant la révolution, le tombeau en marbre blanc du maréchal de Rieux, tuteur de la duchesse Anne.

« Le duc François II trouva la demeure du château de la Bre-tesche, de Missillac, de son goût, mais non suffisamment fortifiée pour la défense du pays ; en 1446, il autorisa Jean de Laval, son neveu, à la garantir par des fortifications et lui accorda, à ce sujet une somme de 500 livres par an, pendant 4 ans, à prélever sur des fouages de la baronnie dont faisaient partie Missillac et Assérac. »

Les rôles des fouages ordinaires et extraordinaires étaient établis, d'après les pièces déposées à la mairie, depuis 1700, pour les frairies suivantes :

1° La frairie du Bourg.
2° La frairie de Quindéniac.
3° La frairie d'Isson.
4° La frairie de Limarzel.
5° La frairie de l'Armor.
6° La frairie de Tréhiguier.
7° La frairie de Vieille-Roche.

La frairie de Vieille Roche ne figure qu'à partir de l'année 1758.

Les évènements remarquables dont la commune a été le théâtre, sont peu importants depuis bien longtemps. Cependant si nous en croyons M. Léon Maître, dans « *Guérande et la presqu'île guérandaise* », il s'y serait passé des faits remarquables.

Nous lisons, page 20 : « Ce qui a été violent, c'est la conquête du territoire, par ce que les Vénètes se sont exposés au courroux de César en retenant captifs les envoyés de Crassus. » Plus loin : « Tout annonce qu'une grande lutte s'est livrée dans cette contrée entre Pont d'Arm et la Brière. Le palus que la mer baigne aujourd'hui de ses eaux, au sud de Barzin, est rempli de mouvements de terres rectilignes et circulaires qui sont inexplicables sans la présomption d'un champ de bataille. Un habitant de Barzin assure qu'à marée basse il aperçut un jour une quantité considérable d'ossements d'hommes et de chevaux au-dessous du grand'Arm. Les champs du reste portent aux alentours des noms significatifs qui confirment son récit : il y a le pré du sang, le champ du Maro (la mort), les jardins du cimetière et les carnels (ossuaires(. »

Personnages célèbres. — Nous avons vu précédemment qu'un seigneur d'Assérac, Pierre de Rochefort, fut maréchal de France

Un autre, Jean de Rieux, fut maréchal de Bretagne et tuteur de la duchesse Anne.

Dans les actes de décès de l'année 1807, on trouve l'acte de Godet de Châtillon. « Le sixième jour d'avril Monsieur Pierre-Louis Godet de Châtillon, ancien chevalier de l'ordre militaire et royal de Saint-Louis, maréchal des camps, veuf en premières noces de dame Jegot de la Ploture, en second mariage de dame Anne d'Any, époux en troisième de dame Marie-Emilie de Courson, né dans la paroisse de Saint-Laurent à Nantes, âgé de 66 ans du 11 novembre, est décédé en sa maison du Plessis, en la commune d'Assérac. »

Godet de Châtillon a fait les campagnes de Napoléon Ier et précédemment a dû être mêlé aux guerres de la Vendée. Il a été enterré dans l'ancienne église ou l'ancien cimetière. Lors de l'édification de la nouvelle église, sa pierre tombale, en marbre blanc, a été transportée au Plessis et placée sous le monument de la Madone, édifié dans le bosquet. On ne peut lire que la première ligne de l'inscription.

M. Athanase-Emmanuel-Joseph de Couëssin, chevalier des ordres de Saint-Jean de Jérusalem et de la Légion d'honneur, décédé au château du Quenet, 14 septembre 1847.

M. Charles-Louis-Ernest Poictevin de la Rochette, représentant aux assemblées de 1848-1850, député à l'assemblée de 1871. Sénateur inamovible en 1875. Décédé à Nantes, le 20 janvier 1876.

M. Athanase-Louis-Antoine Poictevin de la Rochette, député de la Loire-Inférieure, décédé à Paris, le 4 mars 1879, chevalier de la Légion d'honneur.

Voies romaines. — Des voies romaines ont existé. En consultant l'ouvrage de M. Léon Maître, on y trouve : « Quand on parcours le palus de Pont-d'Armes, on constate l'existence d'une voie romaine absolument certaine, au-dessous des marées, facile à suivre depuis la planche de Trébrézan jusqu'au val d'Assérac. J'en ai vu, de mes yeux, l'empierrement plein de tuiles à rebords, dans les marais et dans le flanc d'une vasière ; ce fait prouve au moins que la mer ne séjournait pas d'une façon constante dans la coulée de Pont-d'Arm et de Pontpas. »

Plus loin « La voie romaine qui venait de Guérande *(Granona)* au lieu d'infléchir à l'ouest vers le village de Pont-d'Arm actuel, qui est une création des Templiers de Faugaret, se dirigeait vers l'église d'Assérac à travers les marais où j'ai vu son empierrement, mêlé de briques, dans les fossés de desséchement et dans les vasières. »

« Sur le territoire de la commune, la voie se bifurquait dans deux directions : l'une vers Isson, l'Eclis et Pont-Mahé ; l'autre vers Herbignac. »

Objets en pierre polie : haches, marteaux, monnaies, etc. *(Extrait du dictionnaire archéologique. Arrondissement de Saint-Nazaire, par P.-D. Lisle du Dreneuf. Imprimerie Vincent Forest, 1884, Nantes.*

Assérac. Période celtique. — Un tumulus, sur le territoire de cette commune, signalé par M. de Courcy. *(Guide de Bretagne.)*

Une cachette contenant cinq haches en pierre polie a été découverte, il y a quelques années, par un ouvrier qui travaillait à une carrière. Elles ont été recueillies par l'instituteur d'Assérac. Une autre hache a été découverte par le sieur Garand, mai 1882.

PÉRIODE ROMAINE

« J'ai trouvé en Assérac les débris d'une station romaine à l'est de la route de Trehiguier, sur le bord de l'Etang du Pont de fer — briques à rebords, poteries, etc. 1876.

Une pièce d'or de Tibère, à la Vieille-Roche, qui était d'Assérac, par le sieur Père. 1828. »

« Près de la Vieille-Roche on voit encore les vestiges d'un ancien camp, appelé le Vieux château. (*Voir Lycée Armoricain*).

« L'Auréus de Tibère appartient à M. Chomard de Kerdavy, actuellement M. de la Chevasnerie. (*Note de M. Blanchard*).

Anciens monuments, châteaux, légendes — Il n'existe que quelques ruines du château d'Isson qui fut démoli en 1760.

La châtellenie de Faugaret, en 1390, à Isabeau de la Roche-Bernard, fut réunie, en 1564, au siège royal de Guérande et érigée en marquisat en 1574.

Il est dit, dans différents auteurs, que Faugaret a appartenu aux Templiers, puis il devint une commanderie des chevaliers de Malte. Il y a encore les terrains de la grande commanderie.

Cette propriété appartenait, au moment de la Révolution, à la famille Cady de Pradouais, dite aussi Cady de Pradrois, puis acquise par M. Réchin, comme bien d'émigrés, puis Bournichon par achat, actuellement M. Le Tilly. Dans ces dernières années on a réparé le domaine de Faugaret. On en a enlevé toute sa valeur historique.

La chapelle de Pennebé, dont les derniers vestiges ont disparu il y a peu de temps, fut élevée à la fin du XI° siècle.

« Le prieuré de Notre-Dame de Pennebé avait pour prieur commanditaire, en 1791, époque de l'exigence du serment à la constitution civile du clergé, Dom Barton (Richard-Bède) à Paris, (*l'église de Bretagne par l'abbé Tresvaux, vicaire général et official de Paris. Paris chez Méquignon 1839*).

La légende que le cartulaire de Redon a conservée de l'érection de la chapelle de Pennebé est très curieuse : « De là, ils regardaient comme d'un observatoire (probablement des étrangers jetés à la côte) si le vent était favorable ou non pour pouvoir retourner dans leur pays. L'un deux souffrait violemment d'une maladie. Diverses révélations et ses compagnons eux-mêmes l'engagèrent à attendre là, au milieu du sommeil le secours de Dieu, comme cela était arrivé à beaucoup de saints. S'étant endormi il se réveilla parfaitement guéri et bien portant, disant comme le patriarche : Vraiment le Seigneur est dans ce lieu et je l'ignorais. Les patrons du navire rendant de grandes grâces à Dieu, élevèrent un autel en l'honneur de sa Sainte-Mère et aussitôt un vent favorable enflant leurs voiles, ils fendirent les vagues et regagnèrent leur pays.

« Trois habitants du domaine de Misquiric, sortis de la même famille, Juhel, Coquard, Jarnogon, Leroux et Normandeau qui s'étaient partagé leurs biens mais avaient laissé indivise entre eux la pointe de l'enbec parce qu'elle était improductive et stérile, voyant le tout puissant opérer des merveilles sur leur terrain, engagèrent du consentement du seigneur de Misquiric un homme pieux, Aluehen, à y élever, avec leur concours, un oratoire pour servir la Vierge immaculée, promettant d'y attacher une fondation de dix novales. Aluehen refusa d'abord, objectant l'aridité du lieu si exposé aux vents et aux tempêtes ; il y consentit enfin mais à la condition qu'il pût à son gré disposer en faveur de telle ou telle abbaye des terres qu'on lui offrirait, ce qui fut accepté volontiers par les donateurs et ratifié par leur seigneur, Frédor, fils de Richard.

« Quand l'homme de Dieu eut bâti son oratoire il alla à Redon et concéda à l'abbé Justin et au couvent de Saint-Sauveur, pour participer aux prières de la communauté le lieu précité avec la chapelle et les terrains annexés. Puis prenant la bure il revint à son ermitage avec l'abbé et obtint aisément de Frédor, fils de Richard, de Frédor, fils de Daniel, seigneur d'Acérac, ainsi que des donateurs que, pour le salut de leurs âmes, l'abbaye de Redon fut constituée héritière des dites possessions. Et cela en présence et avec le consentement de Benoît évêque de Nantes, invité à bénir le sanctuaire. Par égard pour l'abbé et dans l'intérêt de la fondation les trois habitants de Misquiric autorisés par leur seigneur Frédor fils de Richard, déclarèrent de plus que si quelques-uns de leurs héritiers voulaient faire de leur propre fonds une donation à l'oratoire, eux, les donateurs acquitteraient les droits dus au seigneur de Misquiric. Et ils leur enjoignirent de ne jamais rien demander aux moines de Penbec sinon Jésus-Christ.

Cartulaire de Redon page 387.

Ancien cimetière, ancienne église, chapelles.
L'ancien cimetière s'élevait autour de l'ancienne église.

L'ancienne église, de style roman, était remarquable par ses vitraux de couleur, comme il a été dit précédemment. Dans l'ancien baptistère, il y avait une cheminée, chose n'existant que dans quelques églises. Le sommet de l'église était incliné à droite, comme l'ancienne église de Batz. *Inclinato capite emisit spiritum.*

La chapelle de Kerbernard se trouvait accolée à la nef latérale gauche de l'ancienne église dont elle faisait pour ainsi dire partie intégrante. Elle a été démolie, il y a environ 40 ans, car elle menaçait ruine.

La chapelle du Bile, aujourd'hui détruite, se trouvait à la pointe du même nom et dépendant de la paroisse d'Assérac.

La chapelle de Pennebé dont il a été question déjà.

La chapelle de Tréhiguier sert aujourd'hui de magasin. On

voit encore, au-dessus de la porte, les armes des Rieux, marquis d'Assérac. Elle dépendait aussi d'Assérac.

La chapelle du Lesté, en Pénestin, devait dépendre d'Assérac. Nous avons trouvé sur les registres paroissiaux, à la date du 18 janvier 1752, l'acte indiquant la bénédiction de la chapelle du Lesté en Pénestin.

La chapelle de Pont-d'Armes, qui sert aujourd'hui de magasin est la propriété de M. Lizeul. Elle est assez bien conservée. La fenètre extérieure donne sur un grenier. A l'intérieur, la grande fenètre, placée au dessus de l'autel, a ses bords encore recouverts de peintures et de feuilles d'ornementation.

A droite de l'ancien autel se trouve un lavabo ou bénitier en pierre sculptée.

La chapelle de Pont-d'Armes devait avoir un desservant spécial ne dépendant pas de la cure d'Assérac. La maison de Couëtmeur, attenant à la chapelle, était probablement la maison d'habitation. Au-dessus de la porte d'entrée de la maison se trouve une pierre, en forme d'écusson, devant indiquer la demeure d'un personnage de marque. La fenètre de la mansarde, en pierre sculptée, indique que cette demeure sortait de l'ordinaire pour l'époque.

Puis enfin la chapelle du Quenet.

Croix. *Inscriptions du cimetière actuel.* — Les plus anciennes sont la croix rouge, la croix de l'Armor, pour l'ancienne fairie du même nom, la croix d'Isson.

Le cimetière actuel n'étant pas très ancien et les concessions à perpétuité y étant rares, peu d'inscriptions anciennes sont à remarquer.

On trouve plusieurs tombeaux de famille et quelques plaques tombales provenant de l'ancien cimetière.

On voit les tombeaux de M. de Couëssin, décédé en 1847 et de M. de la Rochette, décédé en 1876, dont il a été question précédemment, ainsi que le tombeau de M. de la Rochette, décédé en 1879.

Sur une autre plaque on lit :

Ici repose : Hippolyte Marie Le Beschu de Champsavin, ancien zouave pontifical, ancien officier de dragons pontificaux, médaillé de Castelfidardo, chevalier de Saint-Grégoire-le-Grand, décédé au Val, 22 décembre 1881, à l'âge de 47 ans.

Une autre : Mme Athanase de Couëssin, née Jeanne de Vilaines, décédée au Quenet, 25 août 1859.

Mme Ernest Poictevin de la Rochette, née Marie-Anne de Couëssin, décédée au Quenet, le 26 juillet 1868.

Puis sur une pierre tombale : Ici repose le corps le dame II^ᵗᵗᵉ L^ᵃᵉ C^ᵗᵉ Le Paige de Saintenon, v^ᵛᵉ de Messire Em^ᵉˡ-F^çois-M^ˡᵉ de Couëssin, décédée à Nantes, le 7 janvier 1829.

Une autre : M. Christophe Lizeul, né en 1779, décédé le 29 juin 1862 ; maire de cette commune pendant 30 ans.

Il fut bon administrateur, bon époux et bon père.

Plus loin : M. Pierre Aubron, chevalier de la Légion d'honneur — 6 janvier 1807 — 24 août 1890.

> O mon Dieu, donnez le repos éternel
> Au meilleur des époux
> Et au plus tendre des pères.

Ce dernier était le père de M. Aubron, actuellement colonel d'infanterie à Lyon, officier de la Légion d'honneur.

Sur une croix en pierre on lit :

Ici repose le corps de M^ⁱᵉ-Françoise Le Rouzic, épouse de de J.-L. Le Tilly, mère de onze enfants.

Au dos est écrit :

Ne pleurons pas comme ceux qui n'ont pas d'espérance.

Chansons populaires

Chaque année, la veille du mois de mai, il existe une coutume particulière à Assérac et à quelques communes voisines. Les jeunes gens d'un même village se rassemblent et, pendant une partie de la nuit, vont faire entendre aux portes la chanson du mois de mai.

J'ai lu dans *quelques usages anciens, conservés au pays guérandais, par M. Blanchard*, que les chansons de Piriac et de Saint-Molf n'étaient plus les mêmes que celles d'Assérac et que celles-là comprenaient parfois des injures à ceux qui recevaient mal les chanteurs. Il n'en est pas de même dans la chanson du mois de mai d'Assérac. Je me la suis fait répéter par un vieux, Jacques Bouillard, dit Calus, puis par des jeunes gens, et aucun ne m'a parlé de couplets pouvant offenser les gens peu généreux ; car il faut dire que les chanteurs ne veulent pas s'égosiller pour rien. Ils comptent sur un piché de cidre ou de vin, sur des œufs ou même des sous, en récompense de leur sérénade.

L'auteur de ce chant a peu respecté la rime et la mesure, mais sa simplicité mérite qu'il en soit fait mention.

Les chanteurs arrivent sans bruit aux portes, armés de bâtons et pourvus de paniers et attaquent le morceau.

LE MOIS DE MAI

PREMIER COUPLET

Dormez-vous bonnes gens
Sans souci et sans crainte ?
Si vous d ormez, vous n'êtes pas comme moi
A l'arrivée du joli mois de mai.

Les jeunes gens demandent s'il faut chanter, dans le cas de l'affirmative, ils disent les couplets suivants, et dans le cas contraire ils vont chercher une maison plus hospitalière.

DEUXIÈME COUPLET

Voici le mois de mai
Rempli de violettes (vignolettes)
Les filles et les garçons
Sont remplis d'amourettes
Nous chanterons cette nuit pour le roi (le roué)
A l'arrivée du joli mois de mai.

TROISIÈME COUPLET

Voici le mois de mai
Que les filles vont aux danses,
Les garçons les conduisent
Par leur jolie main blanche.
En lui prenant la bague d'or au doigt
En lui disant : Mignonnette, aimez-moi.

QUATRIÈME COUPLET

Mettez la main z'au nid
N'apportez pas la paille
Apportez-nous la douzaine et demie
N'apportez pas le gnia et les pourris.

CINQUIÈME COUPLET

Si vous nous donnez rien
Nous faites pas attendre
Nous avons froid aux pieds
Et la goutte à la jambe,
Et la rosée qui tombe sur nos doigts
A l'arrivée du joli mois de mai.

Si les chanteurs reçoivent des œufs ou des sous, ils terminent ainsi

En vous remerciant le maître et la maîtresse
Le présent qu'vous nous faites
Il est fort bien honnête.
Nous prierons Dieu,
Que ce soir dans un an,
S'il plait à Dieu,
Nous en aurons autant.

La coutume d'aller annoncer le mois de mai n'est pas aussi bien conservée que celle d'annoncer la passion.

Depuis plusieurs années que j'habite le pays, j'ai toujours été réveillé, avec plaisir, deux ou trois fois dans la nuit qui précède le dimanche de la passion par le chant monotone de la passion du Sauveur, comme on dit ici. C'est d'abord un groupe de jeunes gens de Kernay et de Berziberin, puis de Pont-d'Armes, puis les gars du bourg qui viennent tour à tour troubler le silence de la nuit.

Comme au mois de mai, les chanteurs ramassent tout ce qu'on leur donne et si la recette est bonne, le jour de la passion est joyeusement fêté. Voici, fidèlement reproduit, le chant de la passion du pays :

CHANT DE LA PASSION

Réveillez-vous, petits et grands enfants de l'innocence,
Pour écouter la passion, s'il vous plaît de l'entendre ,
Tous ceux qui l'entendront chanter gagn'ront des indulgences.
La passion du doux Jésus, grand Dieu qu'elle est longue.
Notre Seigneur a bien voulu faire une longue pénitence ;
Il a jeûné 40 jours, 40 nuits suivantes.
Mais au bout de 40 jours son cœur a voulu prendre
Deux doigts de pain, un verre de vin, une pomme d'orange.
Saint-Pierre dit à Notre Seigneur : oh ! quell' longue pénitence ?
Notre Seigneur dit à Saint-Pierre : Vous en verrez bien d'autres ;
Vous verrez mon corps, crucifié sur une croix si haute ;
Vous verrez ma tête couronnée, couronnée d'épines blanches ;
Vous verrez mon sang s'écouler, couler en abondance ;
Vous verrez mon sang, ramassé par quatre de mes anges ;
Vous verrez le soleil mourir et la lune descendre ;
Vous verrez la mer s'écouler et les rochers se fendre.
Saint-Pierre descendra des cieux avec ses justes balances :
Il pèsera le bien, le mal, pour voir la différence ;
Si le bien emporte le mal, oh ! quelle réjouissance ;
Si le mal emporte le bien, oh ! quelle pénitence.
Dans la vallée de Josaphat nous prierons Dieu z'ensemble.

FIN

Pour l'exécution de ce morceau les chanteurs sont partagés en deux groupes et chaque groupe chante alternativement chacun une ligne.

Voici quelques rondes pour les danses :

PREMIER COUPLET

Garçons à marier, ne vous y fiez pas (*bis*)
A toutes ces petites bégueules, ces faiseuses d'embarras. (*bis*)

Refrain

Ah dam'ces demoiselles croient qu'on ne les connaît pas.

DEUXIÈME COUPLET

Quant elles vont dans un bal elles regardent çà et là,
S'il y a joli monsieur ou s'il n'y en a pas.

TROISIÈME COUPLET

S'il y a joli monsieur, les yeux doux elle lui fera :
La premièr' contredanse avec lui elle dansera.

QUATRIÈME COUPLET

La deuxième contredanse, Mademoiselle s'informera,
Si monsieur est riche ou s'il ne l'est pas.

CINQUIÈME COUPLET

Si monsieur est riche, Mademoiselle le chérira,
Et si monsieur est pauvre, Mademoiselle le plant'ra là.

Autre ronde :

PREMIER COUPLET

C'est mon père et ma mère, sous la feuille, la feuille,
D'enfant n'avaient que moi, sous la feuille du bois.

DEUXIÈME COUPLET

Tous les jours ils me disent, sous la feuille, la feuille,
Mon enfant marie-toi, sous la feuille du bois.

TROISIÈME COUPLET

Mon père, aussi ma mère, sous la feuille, la feuille,
Etes-vous lassés de moi, sous la feuille du bois.

QUATRIÈME COUPLET

Si vous êtes lassés, sous la feuille, la feuille,
Ma foi dites le moi, sous la feuille du bois.

CINQUIÈME COUPLET

Il y a trois garçons en ville, sous la feuille, la feuille,
Sont amoureux de moi, sous la feuille du bois.

SIXIÈME COUPLET

Il y a le fils d'un prince, sous la feuille, la feuille,
L'autre le fils du roi, sous la feuille du bois.

SEPTIÈME COUPLET

Et l'autre est mait' d'école, sous la feuille, la feuille.
Celui-là sera pour moi, sous la feuille du bois.

HUITIÈME COUPLET

Il m'écrira des lettres, sous la feuille, la feuille,
Je les signerai moi, sous la feuille du bois.

NEUVIÈME COUPLET

A chaque mot de lettre, sous la feuille, la feuille,
Mignonne embrasse-moi, sous la feuille du bois.

Autre :

LES MARINS DE REDON

PREMIER COUPLET
Ce sont les marins de Redon, le ri le ra le rataplan.
Qui ont pris une ville, tire lire.

DEUXIÈME COUPLET
Ils n'y ont rien trouvé dedans, le ri.....
Qu'une jolie petite fille.

TROISIÈME COUPLET
Ils l'ont prise, l'ont emmenée,
A bord de leur navire.

QUATRIÈME COUPLET
Ils ont bien fait cent lieues d'eau,
Sans aucun mot lui dire.

CINQUIÈME COUPLET
Mais au bout de cent lieues d'eau,
A qui êtes-vous fille ?

SIXIÈME COUPLET
Je suis la fille de sarrasins,
Ma mère est sarrasine.

SEPTIÈME COUPLET
Si vous êtes la fille d'un sarrasin,
Sortez de mon navire.

HUITIÈME COUPLET
Mais quand la belle elle fut dehors,
Elle se mit à sourire.

NEUVIÈME COUPLET
Belle, qu'avez-vous à sourire ?
Belle, qu'avez-vous à rire ?

DIXIÈME COUPLET
Je ris de toi, sot matelot,
De toi et de ta sottise.

ONZIÈME COUPLET
Je suis fille d'un riche marchand,
Le plus riche de la ville.

DOUZIÈME COUPLET
Si vous êtes la fille d'un riche marchand,
Entrez dans mon navire.

TREIZIÈME COUPLET
Il fallait plumer la perdrix,
Tandis qu'elle était prise.

QUATORZIÈME COUPLET
Je voulais la plumer aussi ;
Elle s'est envolée trop vite, le rataplan, tire, lire.

Fêtes et coutumes locales, leur origine, leur importance

La paroisse d'Assérac est actuellement sous le patronage de Saint-Hilaire, évêque de Poitiers. Cette fête a commencé à se célébrer le 14 janvier 1775 (Registres paroissiaux année 1775.) En 1767, Pénestin fut séparé d'Assérac, mais, comme hommage à l'ancienne métropole, au jour de la fête patronale, le recteur et les marguilliers de Pénestin devaient apporter, chaque année, 24 sous tournois au recteur et aux marguilliers d'Assérac. Cette coutume a cessé. Avant cette époque, la frairie du Bourg était sous le patronage de Saint-Hilaire ; celle d'Isson sous la protection de Saint-Jean-Baptiste, et celle de Limarzel avait pour patron Saint-Josse.

Sur le pâtis entourant la chapelle de Pennebé, se tenait autrefois, une foire et assemblée-gagerie qui amenait une grande quantité de gens de Saint-Molf, Mesquer et Piriac. Ce qui explique que les gens de Mesquer et de Piriac se rendaient à Pennebé, c'est qu'autrefois on traversait facilement, à marée basse, au bas du Pont de Bois, vis à vis le Rosé en Mesquer, pour venir à Pennebé. Il y a à peine un demi-siècle, les gens de Trélogo, Kergéraud et Mesquéri passaient encore facilement, avec des charretées de bois, qu'ils allaient vendre à Mesquer.

On connait encore à Pennebé, le marché à la graisse, le marché aux sabots, le marché aux veaux. Cette assemblée a été reportée à la foire d'Assérac, qu'on appelle la Pennebé, 9 septembre de chaque année.

Depuis les temps les plus reculés, a lieu à Pont-d'Armes, le 24 Juin de chaque année, une assemblée-gagerie.

Les jeune gens et jeunes filles, en quête d'une place dans une ferme, portent, les premiers un bouquet à leur chapeau et les autres, un épi au corsage. Lorsque le bouquet est vendu, c'est-à-dire lorsqu'on a trouvé une condition, qu'on a touché le denier, on va prendre part aux réjouissances de la fête. Depuis quelques années cette assemblée a perdu de son importance.

Inventaire des archives communales et paroissiales.
Liste des maires

Dans les archives de la mairie se trouvent plusieurs liasses de pièces retirées du presbytère. Ces pièces sont en assez bon état et facile à déchiffrer.

En voici la nomenclature.

Un volume contenant les baptêmes de 1625 à 1641.
— — — sépultures de 1641 à 1668.
— — — mariages de 1660 à 1668.

Un volume contenant les baptêmes, maniages, sépultures 1669.

—   —   —   —   — *1673-1674.*

—   —   —   —   — *1679-1692.*

—   —   —   —   — *1693-1728.*

il manque plusieurs années dans ce dernier.

Un volume contenant les mêmes actes de 1729-1748.

—   —   —   — *1748-1770.*

—   —   —   — *1770-1792.*

Jusqu'au 22 avril 1792, les actes sont signés des recteurs ou vicaires, le dernier est signé par M. Lévêque, dont il sera question plus loin.

Puis les actes sont signés : Rival, greffier.

Depuis le 10 septembre 1792 : Le Tilly, maire.

Du 20 janvier 1793 jusqu'en 1795, par Lecorno, laboureur à Berzibérin, officier public, membre du Conseil général, élu le 1er janvier 1793.

De 1798 à 1800, Rival, agent municipal.

Du 20 fluvial an VIII, Ch. Rival, maire provisoire.

Du 17 messidor an VIII, Rival, maire.

Du 10 vendémiaire : Guillaume Belliot.

Depuis le 22 pluviose an XI, on ajoute dans les actes : arrondissement de Savenai.

En 1800. Les registres ont été visés deux fois par Delaunay, commissaire du gouvernement.

Depuis cette époque jusqu'en 1897, voici la liste des maires et officiers de l'Etat-civil.

J. Blino, maire de 1805-1813.

Blino, adjoint de 1813-1817. M. de Couëssin, maire.

Blino, maire, 1817-1818.

M. le Chevalier Athanase de Couëssin, maire, de 1819 au 2 octobre 1830.

Lizeul, Christophe, maire, jusqu'au 21 avril 1833.

Crusson, maire, en 1834.

Lizeul, Christophe, maire, jusqu'au 19 juillet 1852.

Bercegeay, maire, jusqu'au 5 décembre 1854.

Pedron, maire, jusqu'au 31 décembre 1858.

Lizeul, Christophe, maire, jusqu'au 29 mars 1862.

Crusson, maire, jusqu'au 13 décembre 1865.

Pedron, maire, jusqu'au 15 avril 1868.

Beillois, maire, jusqu'au 2 octobre 1870.

Pedron, Basile, maire provisoire, jusqu'au 28 octobre 1870.

Lizeul, Christophe, maire provisoire, jusqu'au 11 avril 1871.

Le Tilly, Benjamin, maire, jusqu'au 12 mai, 1871.

A de la Rochette, maire, jusqu'au 4 mars 1869.

Le Tilly, Benjamin, maire, jusqu'au 2 février 1896.

Le Tilly, Benjamin, fils, maire, jusqu'au 3 février 1890.

De Couëssin, Athanase, élu le 9 février 1896.

Autres pièces : Rôles de l'égail des fouages ordinaires et extraordinaires, pour les garnisons et entretien des places fortes de la province de Bretagne, par la paroisse d'Assérac, depuis 1700 jusqu'à 1787. Ces rôles établis pour les sept frairies.

En 1739, existe un avis de René Reliquet, sieur de Lepertière, Conseiller du roy, receveur des fouages, taillon, crue de Prévot, frais des états, de l'Evêché de Nantes, aux contribuables de la paroisse d'Assérac, contenant :

64 feux 1/4 2/5

Pour la somme de 707 livres 10 sols.

Payable : terme de janvier 413¹ 2ˢ.

— — de septembre 294¹ 8ˢ.

Les registres des délibérations et assemblées de la paroisse de 1690 à 1769.

Les registres des délibérations par lesquelles les marguilliers se chargent des argenteries, meubles, titres et crédits, à l'usage de l'église paroissiale.

Lettre du Roy pour la convocation des Etats généraux à Versailles, le 27 avril 1789, pour choisir et nommer 4 députés de la sénéchaussée de Guérande, le règlement pour l'exécution des lettres de convocation.

Compte en charge et décharge que fournissent les marguilliers pour être examinés par les recteurs, sénéchal et procureur fiscal, de la juridiction du marquisat d'Assérac, de 1699 à 1788.

En 1783 figure : note et devis estimatif d'un presbytère neuf à faire à Assérac; suit le devis : total 11.936 fr.

Comme dans tous les actes anciens, il y a dans toutes ces pièces des signatures inimitables.

Note sur M. Levesque, recteur d'Assérac, de 1786 à 1829.

Vers 1791, la paroisse d'Assérac avait pour recteur, (nom porté par les curés avant la révolution), M. Lévêque.

M. Lévêque fut emprisonné à Nantes, pendant la Révolution ; ayant réussi à s'évader, il s'expatria d'abord en Espagne, en compagnie de M. Raulin, vicaire d'Assérac, M. Tual, recteur de Nivillac, M. Villeneuve, vicaire desservant de la Roche-Bernard, de M. Vignard, curé de Camoël, et de M. Bigaré, vicaire de Pénestin, puis en Angleterre.

Il revint en France avant la fin de la révolution, se cacha dans la paroisse de Nivillac, qui faisait alors partie du diocèse de Nantes, et où il possédait des propriétés, et il y exerça le ministère catholique.

Il survit à la révolution et vint après la pacification reprendre possession de sa cure, où il mourut le 25 juillet 1829, laissant une grande réputation de science et de vertu.

Plusieurs fois on lui avait offert des évêchés qu'il avait toujours refusés.

La cure d'Assérac avait, ainsi que celle d'Herbignac, été réunie, invalidement, au diocèse de Vannes, par l'Assemblée nationale, au commencement de l'année 1791. Mais cette réunion illégale n'eut d'effet que pendant la durée de l'épiscopat de l'évêque intrus, Charles le Maslc, né à Guérande en 1723, recteur d'Herbignac en 1791, et élu évêque de Vannes au mois de mars 1791. Sa nomination fut annoncée à l'assemblée, à la séance du 9 mars 1791, et il reçut la consécration épiscopale à Paris le 8 mai 1791. *L'église de Bretagne par l'abbé Tresvaux, vicaire général et official de Paris. Paris chez Méquignon 1839.*

M. Lévesque avait obtenu la cure d'Assérac au concours.

Voici qu'elle fut l'origine de ces concours.

Plusieurs prêtres bretons allaient à Rome solliciter des bénéfices. On les appelait Romipètes. Cet usage venait de ce que la cour romaine ne regardait pas la Bretagne comme comprise dans le Concordat, passé en 1516, entre le pape Léon X et le roi François Ier, quoique cette province fut dès cette époque réunie à la France. Le pape avait, suivant l'ancien droit, pendant huit mois de l'année, la faculté de nommer aux bénéfices qui y vaquaient, et l'espoir d'en obtenir attirait à Rome des ecclésiastiques de Bretagne qui avaient le désir d'être curés. Le pape Benoit XIV fit cesser cet abus, et par sa bulle du 1er octobre 1740, il chargea les évêques de la province de mettre au concours les cures qui viendraient à vaquer pendant les mois réservés au pape. Cette mesure a été en vigueur jusqu'en 1791. « *Les vies des saints de Bretagne, par dom Guy-Alexis Lobineau, bénédictin de la Congrégation de Saint-Maur : édition, revue et corrigée par l'abbé de Tresvaux, 1838.* »

La cure d'Assérac était très importante.

Les actes administratifs ne figurent aux archives que depuis 1827.

Les registres des délibérations depuis le 1er fructidor an VIII.

Les budgets communaux depuis 1821.
30 pièces relatives aux marais salants. Troque.
Comptes du bureau de bienfaisance depuis 1823.

Les Ecoles

Leur ordre d'enseignement ; sont-elles ecclésiastiques ou laïques ?
Date de leur fondation ; nombre d'élèves ; description des
bâtiments. Historique de l'Instruction.

La commune d'Assérac a deux écoles primaires : une école
de garçons et une école de filles. L'école des garçons est dirigée
par des laïques et comprend deux classes. L'école des filles est
dirigée par des congréganistes et comprend deux classes. Les
congréganistes sont des religieuses de l'ordre des filles du Saint-
Esprit de Saint-Brieuc.

L'enseignement donné dans les deux écoles comprend celui
renfermé dans le cours moyen et élémentaire.

Les enfants fréquentent l'école de 5 à 11 et 12 ans seulement,
et encore les enfants des villages éloignés (6 kilomètres), ne
commencent-ils à venir en classe qu'à 7 ans.

L'école des garçons a été fondée régulièrement vers 1848.
Son installation était des plus défectueuses : une maison pour
l'instituteur, une salle de classe étroite ; on se rappelle que les
petits enfants étaient dans un étroit couloir, pas de préau,
comme cour la route départementale n° 2. Il y a environ 18 ans,
la commune a fait construire un nouveau bâtiment, qui ne
manque pas d'une certaine élégance, et parfaitement approprié.
L'école actuelle, sur un petit coteau dominant le bourg, est
placée à l'entrée de ce dernier, sur la route de Guérande.

Au centre de la construction sont placées les deux salles de
classe, flanquées de chaque côté de deux pavillons, contenant, à
l'est, le logement de l'instituteur, à l'ouest, les salles de la mairie
et le logement de l'instituteur adjoint. En avant, s'étend en
pente raide, une vaste cour plantée d'arbres. En arrière, un
jardin planté d'arbres fruitiers, d'une contenance de 9 ares 24.
Un puits dans le jardin, un préau sur le côté de la cour. En
somme le logement et ses dépendances sont très suffisants. La
superficie des classes est de 119^{mc} et leur volume 476^{mc}.

L'école a été fréquentée pendant l'année scolaire 1896-1897,
par 119 élèves. En 1848, il y avait 61 élèves.

Depuis 1848, les instituteurs qui se sont succédés, sont :

Ollivier, Jacques-René, jusqu'en 1855.

Gougaud...... 1856
Rialland 1857
Marchand..... 1858
Gasnier....... 1861
Le Chapelain.. 1870, décédé à Assérac.
Bézier .... 1870, mort inspecteur primaire à Nantes.
Chretien 1879
Cormier....... 1882
Legras........ 1890, décédé à Assérac.
Monnier 1891

Chiron, Eugène, depuis le 15 janvier 1891.

A l'autre extrêmité du bourg, s'élève l'école des filles. La disposition de cet établissement est le contraire de celle des garçons. La maison d'habitation est au milieu, et les classes, une à chaque extrémité. D'un côté le jardin, de l'autre la cour. Il n'y a pas de préau.

Le logement paraît suffisant, mais les classes sont trop étroites ; la superficie est de 79mc. L'école est fréquentée par 120 élèves. Depuis 1859, l'école est dirigée par les filles du Saint-Esprit. Mme Le Mée, sœur Joséphine, y exerce depuis 33 ans. Il y a une fondation de 200 fr. par an, pour l'école des sœurs.

Historique. — Avant l'organisation de l'instruction dans toutes les communes, les gens aisés envoyaient leurs enfants en classe à Guérande ou à Herbignac. Quelques vieillards m'ont raconté qu'à Crahé, une sœur du tiers ordre donnait l'instruction aux petites filles. Avant 1859, une demoiselle Halgand instruisait les jeunes filles dans la vieille maison du couvent. Il y a peut-être 80 ans, une vieille fille, appelée Mariette, réunissait les filles et les garçons dans la maison de Guénec, au bourg. Puis ensuite un nommé Chédotal de la Bosse, ancien séminariste, instruisait les enfants dans la maison de Bernard, Jean-Marie, au bourg. Deux congréganistes, de Ploërmel, firent la classe, pendant quelques années, dans la maison de David, Pierre, tisserand. Puis M. Nogues, décédé, instituteur à Mesquer, fit la classe dans la maison de Pignon, Louis. M. Ollivier, dont il a été question, plus haut, exerçait les fonctions d'instituteur en 1838.

FIN DE LA 2e PARTIE

TROISIÈME PARTIE

COMMUNE D'ASSÉRAC

Géographie Economique

Etat des terres. — Les terres sont à peu près toutes cultivées. Il n'existe que peu de landes. Les marais sont améliorés. Les marais salés sont abandonnés pour la pâture. Les terres sont un peu de toutes qualités, bonnes, fortes, légères. Le blé y vient bien ; d'une manière générale, toutes les terres sont en état de culture. Les terres des environs de Bel-air sont humides : elles sont plus sèches du côté de Barzin et renferment des pierres.

Assolements. — En général, l'assolement est biennal. La première année, on ensemence du blé, puis des pommes de terre, des choux ou du blé noir, puis revient le blé.

Engrais, — On emploie les engrais naturels et artificiels. Les engrais naturels sont : le fumier, le terreau, le goëmon, les algues marines. Sur le bord de la mer, les fermiers ramassent avec soin le goëmon et les plantes marines que la mer abandonne sur le sable. Les engrais chimiques les plus employés sont : les phosphates des Ardennes, le noir animal, pour le blé noir et les choux. Dans les marais salants, le limon des vasières, est employé comme amendement.

Instruments oratoires. — Comme dans tous les pays agricoles les instruments sont les mêmes, avec des formes différentes. Les charrettes à bœufs sont un peu légères ; cela tient à la difficulté de transporter de lourds fardeaux dans les chemins ruraux, puis à la terre glaise qui rend plus difficile la circulation. Dans certains pays, les cultivateurs s'imposent volontairement plusieurs journées, chaque année, pour l'entretien des chemins ruraux. Avec des moyens de communication faciles, le cultivateur a tout à gagner. Il transporte de plus lourds fardeaux sans surcroît de fatigue, il ménage ses harnais, enfin il gagne du temps, et le temps c'est de l'argent.

La charrette à bœufs peut porter un poids de 1.500 kilog : elle coûte en moyenne 250 fr. Il y a la charrette à 4 courbes, puis à 5 courbes, le tombereau à bascule pour chevaux ou pour bœufs. Les charrues portent différents noms, suivant leurs usages. Il y a charrue à roues, ou à rouelles, qui a un avant train, puis la la charrue à crémaillère ; on les appelle charrues à défricher, charrues à fendre et charrues moyennes. Une charrue à crémaillère coûte environ 25 fr., une charrue avec avant train peut couter 30 fr.

Autres instruments : la herse plate triangulaire, appelée poulaire ; la herse arrondie pour les sillons ; le rouleau cylindrique pour terrain plat et rouleau concave pour les sillons. Les autres instruments n'ont rien de particulier.

Céréales. — Il y a environ 1.000 hectares de terres cultivées en blé. On en compte deux espèces : le gros froment rouge, et le petit froment blanc ou barbu : deux espèces d'avoine ; on cultive peu l'orge et le maïs. Le blé, en général, semble une variété de Dattel ; on emploie environ 2 hectolitres et demi par hectare pour le blé, et la récolte moyenne serait de 18 hectolitres.

Prairies. — Leur superficie est d'environ 450 hectares ; on ne compte que des prairies naturelles. On sème quelquefois du trèfle vert dans le blé, ce qui donne un excellent produit après la coupe du blé !

Etangs. — Le plus important est l'étang du Pont de fer, dont il a été question précédemment, d'une contenance de 48 hectares ; l'étang du Plessis, de 2 hectares 27 ; les petits étangs du Quenet et de Kerougas.

Arbres fruitiers et vignes. — Comme il a été dit au commencement, les arbres fruitiers brulés par les vents ne viennent pas bien. On compte environ 50 hectares de terrains réservés pour le jardinage. On rencontre peu de poiriers de taille, quelques pommiers ; la rainette, le bignou ; les pommiers à cidre sont plus considérables. La vigne se cultive, en général, partout, jusque sur le haut des falaises. Il a été récolté en 1897, en vin, environ 2.300 hectolitres. Le gros-plant est le seul cultivé, sauf la vigne du moulin de Kerbalan qui contient des plants de muscadet. Les vins d'Assérac ne sont pas mauvais. Le degré d'alcool du vin varie de 5 à 9 degrés.

Défrichements. — Depuis environ 40 ans, on a défriché : à droite de la route d'Assérac à Tréhiguier, tout le plateau, à partir de la butte du Calvaire, au bois de la Bosse ou de Monchoix ; à gauche de la même route, on a défriché tous les terrains depuis la butte du Calvaire jusqu'à la Saudrais et Bel-Air ; à droite de la route, tous les terrains, depuis les Bois de Monchoix jusqu'à la limite du Morbihan, ont été défrichés, sauf quelques parcelles au delà de Kerbernard et de Kerollivier, sur la limite du Morbihan. Il est à remarquer, qu'il y a 50 ans, les terrains situés à droite de la route de Tréhiguier, étaient de vastes landes ; aussi tous les villages sont construits de l'autre côté de la route.

Biens Communaux. — La commune possède le marais de Gralan, d'une contenance de 1 hectare 80 ares, loué 50 fr. par an. Cependant la commune n'en était pas moins imposée pour une somme de 80 fr. chaque année ; elle payait pour 91 hectares de terrains vendus depuis 50 ans. Après un travail considérable, le travail des mutations est achevé, et les propriétaires possesseurs des biens ont remboursé les impôts à la commune.

Animaux domestiques. — Les chevaux sont de race bretonne ; on rencontre quelques demi-sang. Les chevaux des sauniers et marchands de poissons sont de petits animaux de race tarbaise. Les chevaux sont vendus de 400 fr. jusqu'à 6 et 800 fr. On compte 122 chevaux.

Les bœufs sont de race nantaise, très peu sont de race bretonne. Les vaches sont de race nantaise ou bretonne, mais proviennent surtout du croisement de ces deux races. On rencontre quelques belles bêtes, provenant de la race Durham qui a été importée dans le pays par M. de Couëssin, et surtout de magnifiques produits du croisement de la race bretonne avec la race Durham, croisement qu'on ne saurait trop propager, ainsi que l'aurait désiré, et que l'a tant recommandé, M. Bodin, directeur de l'Ecole d'Agriculture de Rennes.

Les beaux bœufs valent de 1.000 à 1 200 fr. la paire. On compte environ 260 bœufs. On se livre beaucoup à l'élevage des bêtes à cornes, mais peu à celui des chevaux.

Les moutons de prés salés sont très estimés.

L'élevage des porcs a lieu presque dans toutes les fermes.

Chasse, pêche. — Dans les bois de Monchoix, on rencontre le chevreuil ; le renard ; le lapin y fourmille. Le lièvre est assez abondant au bord de la mer ; on y trouve de quoi chasser en hiver.

Les habitants se livrent à la pêche des coquillages, surtout du village de Berzibérin ; ils passent une partie de l'année à la côte à ramasser, palourdes, moules, etc.

Les parcs à huitres de Pennebé donnent de bons et de beaux produits. Un superbe parc à coquillages de 5 hectares, a été installé, ces temps derniers, malgré la protestation des habitants de la commune.

La pêche à la senne se fait dans le trait de Mesquer et de Pennebé ; on pêche soles, plies, raies, mulets, etc.

Nos marchands de poissons vont s'approvisionner de sardines, harengs, etc., au port de la Turballe, distant de 12 kilomètres.

Exploitation de marais salants. — Les marais salants de la commune occupaient une superficie de 125 hectares : aujourd'hui un grand nombre de salines sont abandonnées. Les salines du littoral guérandais étaient connues au IXe siècle. L'histoire fait mention d'un ouragan qui bouleversa les salines de cette contrée en 1598. Depuis il y a eu des dégâts fréquents et considérables.

Les salines de la Potrée, Dern, le grand Rô, Malié, Guémené, la Torte, le Beauchéne, le Plessis, une partie de Fostidié, de Strobie, de Kergéraud et du Chardonneret, sont incultes. Dans la saline de la Voûte, 50 œillets sont incultes.

Il y a à peine un demi-siècle, les gens les plus à l'aise étaient les paludiers de Pont-d'Armes et Berzibérin : mais les temps ont changé. Il est à prévoir que si on ne fait pas de grands travaux pour la réparation des fossés, dans peu les salines seront toutes incultes.

Le mode d'exploitation est le même que dans la presqu'île guérandaise.

Un œillet de marais salants a environ un sillon de contenance ou 81 centiares. Il peut rapporter, dans les bonnes années, un demi-muid de sel. Le muid est de 3,000 kilog.

Dans les étés pluvieux la récolte est naturellement nulle.

Les porteuses de sel sont gagées de 40 à 50 fr. par an, que la récolte soit bonne ou mauvaise : ne seraient-elles allées qu'une fois au marais, porter le sel, elles ont droit au salaire entier. Un jugement du juge de paix d'Herbignac (1895), a donné raison aux porteuses contre les paludiers. Les propriétaires des marais salants partagent également la récolte avec leurs paludiers De plus, les propriétaires paient aux paludiers ce qu'on appelle les journées de mise, pour les travaux de la vasière, plus une somme de 1 fr. à 1 fr. 50 par œillet. Le sel récolté ici est vendu dans les communes voisines, ou expédié par les bateaux remontant l'étier de Pont-d'Armes.

Un œillet de marais salant a valu 500 fr. Aujourd'hui on en trouve à peine 50 fr.

Marine. — Depuis plus d'un demi siècle, le lit du trait de

Mesquer s'est exhaussé de près d'un mètre ; les navires pouvaient encore, pendant la morte eau, sortir du trait de Mesquer à la mer haute et gagner le large. Le chenal avait, à toutes les marées, indistinctement, un tirant d'eau suffisant pour leur permettre de remonter la haute mer quand venait le flot. Maintenant, au contraire, tous les jours que dure la morte-eau, le chenal du trait de Mesquer est à peu près impraticable. D'après M. Blanchard, « des navires de 280 tonneaux remontaient l'Etier, à mer haute, pendant les grandes marées, jusqu'à Quifistre, en Saint-Molf, et des navires de 130 tonneaux jusqu'à la Voûte de Pont-d'Armes. » Aujourd'hui, quelques bateaux remontent l'Etier. M. Le Tilly, Benjamin, fils, négociant à Assérac, assure qu'il a fait décharger, sur le quai américain qu'il a fait construire au Pont de la Voûte, des navires de 70 tonneaux. Les marchandises consistent en phosphates, du sable de Loire, des poteaux de mines, du sel.

Sociétés agricoles. — Les marais situés entre Caire, Limarzel et Keriaval ont 120 hectares de superficie. Les propriétaires de la commune, possédant des terrains dans cette contrée, se sont syndiqués avec ceux de Pénestin, en possédant sur le territoire de cette commune, et ont formé le syndicat des marais de dessèchement d'Assérac et de Pénestin, dont les statuts ont été approuvés le 21 mars 1838. Le ruisseau de Pont-Mahé sert de déversoir ; sa partie inférieure est canalisée et terminée par un aqueduc de vannage, avec écluse et arche couverte de 50 mètres ; le canal est avec un perré en pierre.

En 1889 on a fait pour 18,000 fr. de travaux. Avant 1820 il y avait été fait de très grands travaux, qui ont été détruits par les marées. Dès cette époque, il existait un syndicat, dont les archives sont déposées à la Mairie. Le syndicat actuel a son siège à Assérac. Le Préfet compétent est celui de la Loire-Inférieure. Il y a eu un syndicat pour les marais du Bourg.

Foires. — Les foires de la commune sont au nombre de sept, dont cinq se tiennent au chef-lieu et deux à Pont-d'Armes, aux dates suivantes : les 10 février, 30 mai, 15 juillet, 9 et 30 septembre, au bourg ; les 8 avril et 25 juin, à Pont-d'Armes.

L'entrée des bestiaux et les droits de place rapportent une centaine de francs. D'après les registres des délibérations, il y a eu des marchés hebdomadaires à Assérac. Aujourd'hui les fermiers écoulent leurs produits aux marchés de Guérande ou de la Roche-Bernard.

Carrières. — Autrefois il existait beaucoup de carrières, surtout pour la pierre à bâtir, à Saint-Jossé. Au bourg, il en a été extrait une grande quantité, comme l'indique l'excavation située derrière la maison à Camaret, François, et celle de M. Le Tilly.

La carrière de Barzin, jusqu'à ces dernières années, a fourni une quantité considérable de cailloux pour l'entretien des routes. Actuellement la carrière de Landieul fournit le service vicinal.

CONDITIONS DES OUVRIERS

La population ouvrière peut se diviser en trois catégories bien distinctes : 1° La population agricole ; 2° Les paludiers ; 3° Les ouvriers d'art, maçons, forgerons, etc...

La population agricole est de beaucoup la plus nombreuse, et encore, à l'époque des moissons, les cultivateurs sont souvent obligés d'avoir recours aux étrangers. Les ouvriers agricoles sont, pour la plupart, employés a titre de valets de ferme, nourris et logés et recevant une redevance variant de 150 à 300 fr. par an.

Cependant beaucoup d'ouvriers travaillent comme journaliers attachés à une ferme. Le plus souvent, ils sont nourris et reçoivent une journée allant de 1 fr. 25 à 2 fr.

Doivent être compris dans la population agricole un certain nombre d'ouvriers qui exploitent les bois, pendant l'hiver, et qui reviennent aux champs, en été : les bûcherons, scieurs de long, cercliers, façonnant des pieux pour palissades, clôtures, poteaux de mine.

Les paludiers ont un régime particulier, comme il a été dit plus haut. La concurrence des marais salants exploités ailleurs et écoulant leurs produits plus facilement, l'usage de plus en plus généralisé du sel gemme, ont porté à ces travailleurs un réel préjudice ; tel exploitant, qui gagnait autrefois de 1,000 à 1,500 fr., a vu tomber son gain annuel à 500 et 600 fr.

Les ouvriers d'art ne se distinguent en rien de leurs pareils, travaillant en ville ; il est à remarquer cependant que les maçons deviennent de plus en plus nombreux ; ils travaillent, en général, au dehors à la construction des chalets, au Pouliguen, à la Baule, etc. La journée varie de 2 fr. 50 à 3 fr. 50.

Ces ouvriers, travaillant au dehors, ainsi que ceux travaillant à Trignac ou Saint-Nazaire, reviennent presque tous les samedis à leur domicile. Le gain de l'ouvrier étant plutôt faible, cela explique en partie, du moins, l'émigration continue des ouvriers vers les grands centres. Cependant, la population étant robuste et très sobre, peu de familles souffrent. Le chômage, qui cause tant de préjudice à l'ouvrier des villes, ne se produit guère ici.

La population féminine se voue surtout aux soins de l'intérieur. Un certain nombre de jeunes filles quittent le pays pour aller servir de bonnes ou de cuisinières. La mère de famille s'occupe rarement de couture. Les lingères et tailleuses travaillent pour ùn prix si modique, qu'elles seules font ces travaux. Une tailleuse travaille de 6 heures du matin à 7 heures du soir en été, et de 7 heures du matin à 5 heures du soir en hiver, pour la somme de 40 centimes, en plus de sa nourriture.

Poteries. — Quelques ouvriers fabriquent, à Kermarais, de la poterie semblable à celle si connue de Landieule. M. Léon Maître a fait un récit si intéressant sur cette industrie que je ne puis résister au désir de le transcrire.

« En douterait-on, qu'il suffirait de regarder les formes, si pures, qui servent encore aujourd'hui de types aux potiers de Landieule, pour être convaincu de leur parenté avec les produits antiques. La grosse buo, ventrue, ornée simplement d'une anse épatée, avec laquelle les femmes vont puiser de l'eau à la fontaine, en la portant sur la tête, a un caractère si attique, qu'on le croirait copié sur un modèle venu de l'Orient. Ce genre de vase se vend uniquement sur le littoral pour conserver l'eau potable et son usage n'est plus connu au-delà de Vannes. Voilà un curieux exemple de la persistance des traditions dans le pays de Guérande. Depuis 18 siècles on fabrique de la poterie à l'aide d'un procédé mécanique qui n'a pas changé. Tout l'outillage du potier se compose d'une roue de bois qu'il manœuvre au pied, entre ses jambes, et d'une raclette, Il faut croire pourtant que certains ateliers ont visé plus haut, car on a trouvé, un jour, un bras de statue en terre cuite. Les fours en ruines, qu'on a découverts à Kerday, à la Gassin, à la Barronnie, à Coëtcarré, sont les derniers témoins de la vie industrielle importée par les anciens à Herbignac. »

Des habitations. Le Bourg. — Pont-d'Armes. Postes. Mobilier. — La commune d'Assérac est desservie par le bureau de postes d'Herbignac, qui est à 6 kilomètres du bourg. Un facteur d'Herbignac dessert, le matin, le bourg et emporte les correspondances au bureau ; ce même facteur revient à midi et remet à un autre facteur, qui desservira la commune, toute la corespondance.

Le bourg d'Assérac est irrégulièrement bâti ; il a subi des modifications profondes. La voie principale est constituée par le chemin de grande communication n° 2. Les principales constructions sont : le presbytère, les écoles, la maison de Mᵐᵉ Le Tilly, vaste construction sans style déterminé, entourée d'un vaste jardin ; l'hôtel, d'aspect lourd. Autour de l'église sont de vieilles constructions frappées d'alignement et appelées à disparaître prochainement. Les habitants ne font rien pour embellir leurs demeures : on trouve encore des maisons où le fumier forme une couche épaisse devant la porte : du reste cela n'est pas la seule infraction aux lois de l'hygiène : l'écurie, l'étable, les chambres font partie du même corps de bâtiment, la plupart du temps, et sont à peine séparées par de minces cloisons de bois, qui sont une barrière bien insuffisante aux émanations délétères qui se dégagent des étables.

De plus en plus l'ardoise remplace le chaume dans les toitures.

A quinze cent mètres du bourg se trouve le village de Pont-d'Armes. Cet endroit, autrefois très important, est bâti régulièrement : deux rangées de maisons blanches bordent la route départementale. On remarque les bâtiments des douanes, la vieille chapelle dont on a parlé. Il y a à Pont-d'Armes, semble-t-il, un plus grand souci de l'esthétique chez les habitants : les maisons sont blanchies : on n'y voit pas de fumiers sur le bord de la route.

Les jeunes gens ignorent, fait bizarre, le nom des rues du bourg, et les vieillards les connaissent parfaitement. Je tiens à les citer : les rues de la Chapelle, de Kercadeau, de la Chaplenerie, le Pibarot, la rue du Bourg, la rue de l'Enfer, la rue des Bains, la rue du Pont aux pages, la rue du Calvaire, la rue du Four, le pré de Soursaie.

Assérac est à 6 kilomètres du chef-lieu de canton, à 28 kilomètres du chef-lieu d'arrondissement et à 80 kilomètres de Nantes. La station de chemin de fer la plus rapprochée est à 12 kilomètres.

En général, les meubles ne sont pas de luxe : le nécessaire, sans fleurs et sans trop de vernis. On rencontre encore quelques lits avec portes à coulisses, et ressemblant, lorsqu'ils sont clos, à de grandes armoires.

Costume. — Le costume masculin est celui de tous les habitants de la presqu'île guérandaise : blouse courte ou veston court à plusieurs rangées de boutons, chapeau de feutre à larges bords, ajusté de rubans de velours noir qui pendent en arrière. Les vêtements sont façonnés par les ouvrières du pays : ils sont en gros drap fabriqué le plus souvent ici, et portant le nom de bélinge. C'est une espèce de futaine grossière. Le costume féminin est beaucoup plus compliqué. Sur une robe généralement unie, les jeunes filles mettent un châle de couleur voyante, taillé en pointe en arrière. Un tablier couvrant la poitrine et un peu court, de couleur voyante également, complète l'ajustement. La coiffure diffère selon les âges des femmes. Les jeunes filles portent jusqu'à l'âge de 11 ans de petits bonnets ronds. Les jeunes femmes portent des coiffes en pointe, d'un beau travail, dans les grands jours ; plus communément c'est une sorte de bonnet garni de

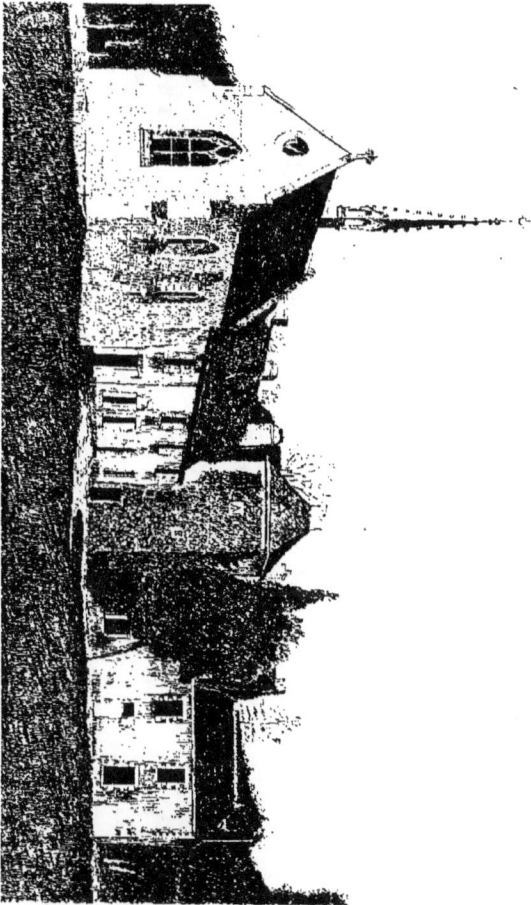

LE QUENET

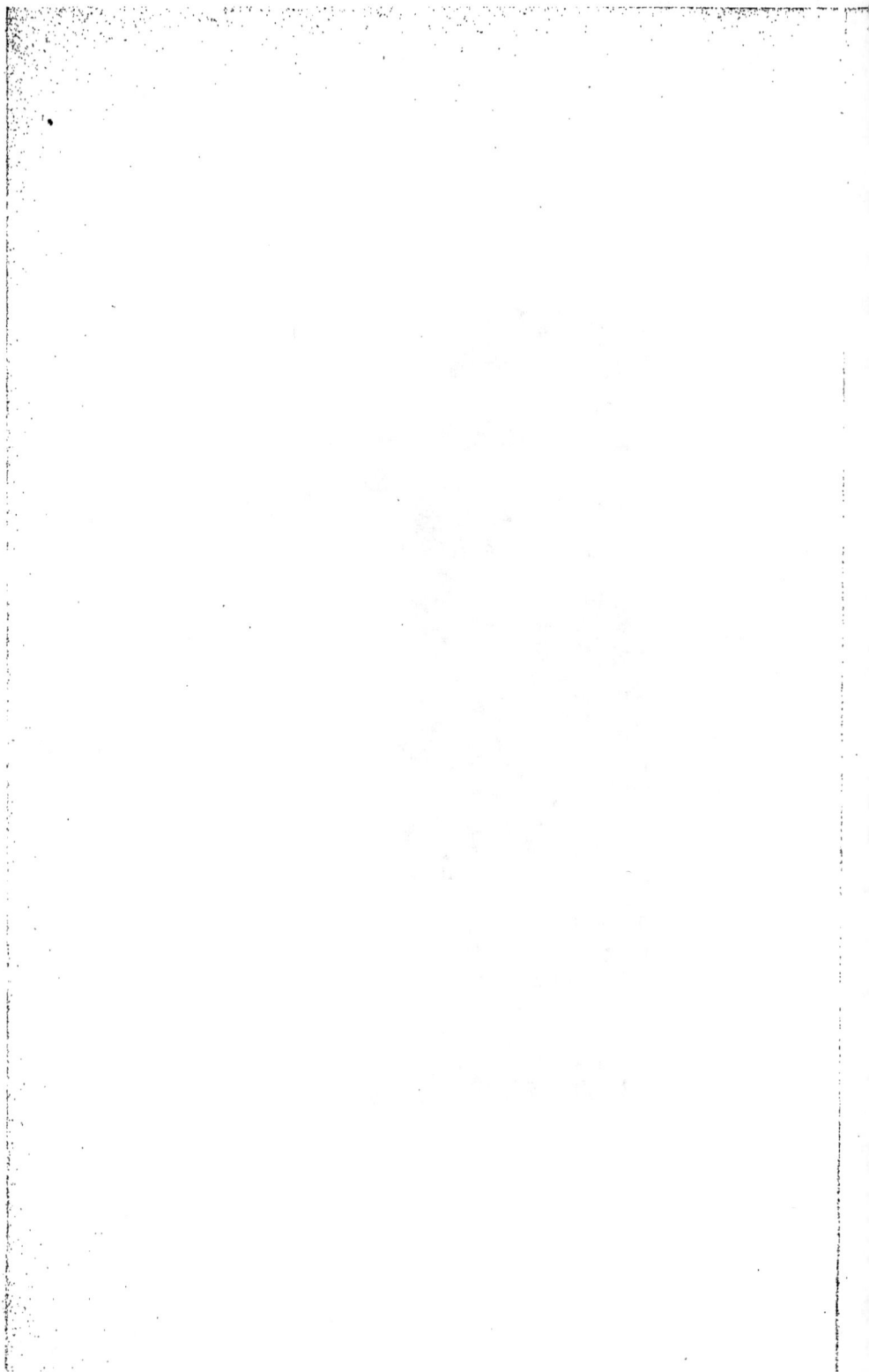

deux larges liens qu'elles relèvent sur le sommet de la tête et qu'elles laissent flotter quand elles vont à l'église.

Le deuil a pour signe une coiffe dont le fond se prolonge et forme une mante retombant sur les épaules. Cette mante porte le nom de capot. Les vieilles femmes portent des capots noirs, ce qui, entre parenthèse, est souverainement laid. Les femmes portent des souliers bas, sans boucle.

Il y a seulement quatre paludiers dans la commune portant aux grands jours de fête les costumes de l'ancien temps.

Propriétaires, métayers, citoyens, commerce. Quelques propriétaires exploitent eux-mêmes leurs terres; d'autres louent, c'est le mode généralement employé. Il y a encore quatre ou cinq métayers, c'est-à-dire des cultivateurs, qui partagent également les produits avec les propriétaires. Les fermes les plus considérables sont louées 2,000 fr. par an ; leur contenance est d'environ 60 hectares ; plus souvent les fermes varient de 1,000 à 1,800 fr. de fermage. Les fermiers et métayers écoulent leurs produits aux marchés de Guérande et de la Roche-Bernard ; ils font leurs provisions dans ces endroits, les magasins et boutiques de la commune semblent bien approvisionnés. Les maisons de commerce semblent devoir toutes prospérer. On compte : 2 boulangeries, 10 épiceries et draperies, merceries : 3 forgerons, 1 charron, 3 menuisiers, 2 charpentiers, 3 maîtres maçons, 2 couvreurs, 2 marchands de bois, 1 marchand de bois de construction, 15 débits de boissons, 2 hôtels, 2 marchands devins en gros.

Il y a environ un débit de boissons par 100 habitants.

Moulins à vent. Il y a 5 moulins à vent: 1º le moulin de Kerougas ; 2º les 2 moulins de Redunel ; 3º le moulin de l'Aurore 4º le moulin de Kerbalan ; 5º le moulin de l'Eclis.

Douanes. L'Administration des douanes dépend de la direction de Nantes et de la capitainerie de Mesquer. Il y a dans la commune deux brigades : 1º Une brigade à Pont-d'Armes, comprenant un brigadier, 2 sous-brigadiers et 11 préposés ; 2º une brigade à Keravelo comprenant un brigadier et 5 préposés.

Les employés de la brigade de Pont-d'Armes sont en caserne; ils sont célibataires et vivent à la cantine.

Ces deux brigades sont sous la direction d'un lieutenant, résident à Pont-d'Armes, et exerçant sa juridiction sur la brigade de Boulais, en Saint-Molf.

Il y a un bureau des douanes, géré par un receveur, à Pont-d'Armes ; ce bureau rapporte de 25 à 30,000 fr. par an. L'Administration des douanes était beaucoup plus importante, il y a 20 ans. Il y avait en plus une brigade de douanes à Kergéraud, de 5 ou 6 hommes. Au bureau, il y avait un receveur et 2 commis ou visiteurs.

Contributions indirectes. Tabacs. — La commune est exercée par les employés des contributions indirectes d'Herbignac. Il y a au bourg une recette buraliste et un bureau de tabacs ; à Pont-d'Armes, un bureau de tabacs.

Contributions directes. La commune dépend de la direction de Nantes, du contrôle de Guérande, dont le siège est à Saint-Nazaire, et de la perception d'Herbignac.

Montant des impositions pour 1897

Principal des contributions directes :

Contribution foncière...............	4181	»
Contributions personnelle et mobilière	1630	»
Contribution des patentes..........	572	47
Contributions des portes et fenêtres..	725	»
Total.....	7108	47

Montant des prestations en 1898, la somme de 2785 fr. 50.

Bureau de bienfaisance. Le revenu annuel est de 590 fr. Il est administré par un président et six membres. Le revenu est formé par des rentes sur l'Etat, des versements annuels par des particuliers (obligatoires) et le fermage du pré des Guihos.

Médecins. La commune ne possède pas de médecin résidant ; on consulte les docteurs de Guérande, d'Herbignac et de la Roche-Bernard.

Eglise, clergé. Les 3 nefs et le chœur de la nouvelle église ont été construits en 1886. L'ancien clocher est resté au bout de la nouvelle construction. L'église est de style ogival, à 3 nefs, bas côtés, transept, chevet à pans ; il y a 58 vitraux formant à l'intérieur une décoration charmante.

La paroisse d'Assérac est administrée par un curé, assisté d'un vicaire.

Voici la liste des recteurs ou curés depuis 1679, telle, du moins, que la présentent les registres paroissiaux :

Edmond Crunet, était recteur en 1679.

André Dubing, de 1705 à 1728.

Jacques Bonaventure Le Moyne de Talhouët, 1728 — 1766.

J. Rousseau, 1766, nommé recteur de Bouguenais, 1767.

F. de Saint-Malon, 1767 — 1769.

Legras, 1769 — 1786.

Levesque, J. B. Prosper Fidèle, 1786 — 1829, dont il a déjà été question.

Buffetrille, 1829 — 1852.

Ollivaud, 1852 — 1861.

David, 1861 — 1864.

Sotin, 1864 — 1873, nommé curé de Vertou.

Chauveau, J. B. depuis 1873.

En résumé, Assérac est une des communes importantes de la Loire-Inférieure, qui tend à devenir de plus en plus intéresante. On parle de construire des chalets à Pennebé ; il est fortement question de l'installation d'un bureau télégraphique ; des études ont été faites pour l'établissement d'un tramway entre Guérande et la Roche-Bernard, avec station à Assérac. Espérons que tous ces projets aboutiront et que le vingtième siècle nous apportera encore de plus grandes améliorations, pour notre bien et notre condition.

MONOGRAPHIE D'ASSÉRAC

Châteaux, Domaines, existant ou ayant existé dans la commune

DÉSIGNATION	PROPRIÉTAIRES SUCCESSIFS
Le Quenet	Famille de Couëssin. Famille Poictevin de la Rochette, par alliance. Nunc : Famille Le Bésclou de Champsavin, par héritage.
Kerougas	Famille de Couëssin.
Le Plessis	Appartenait, avant la Révolution, à Godet de Châtillon, maréchal de camp. Dᴸˡᵉ de Courson, par héritage. Nunc : Famille Leroux du Ménéhy, par héritage.
Kerolivier	Appartenait, avant la Révolution, à la famille de Kercabus. Acquis, en 1822, de Dᵐᵉ de Kercabus, épouse de M. de Quélen, par Bernard de la Peccaudière. Nunc : Berthelot de la Glétais, par héritage.
Kerbernard	Avant la Révolution, à la famille Le Trezle. Calvé de Soursac, par héritage. Chanut de Limur, par héritage. Nunc : Jacquelot de Boisrouvray, par alliance.
L'Escly	Appartient à Yviquel de l'Escly. Nunc : De la Monneraye, par alliance.
Faugaret	A appartenu autrefois aux Templiers. Devint une commanderie des chevaliers de Malte. Famille Cady de Pradouais, dite aussi Cady de Pradrois. Acquise par M. Réchin, comme bien d'émigrés. Bournichon, par achat. Nunc : Le Tilly, par achat
Trélogo	Appartenait à la famille Yviquel de l'Escly. Privat de Bregeot, par alliance. Roussel de l'Escouet, par achat. Nunc : Bigaré, par achat.
Isson	En ruines.

MONCHOIX

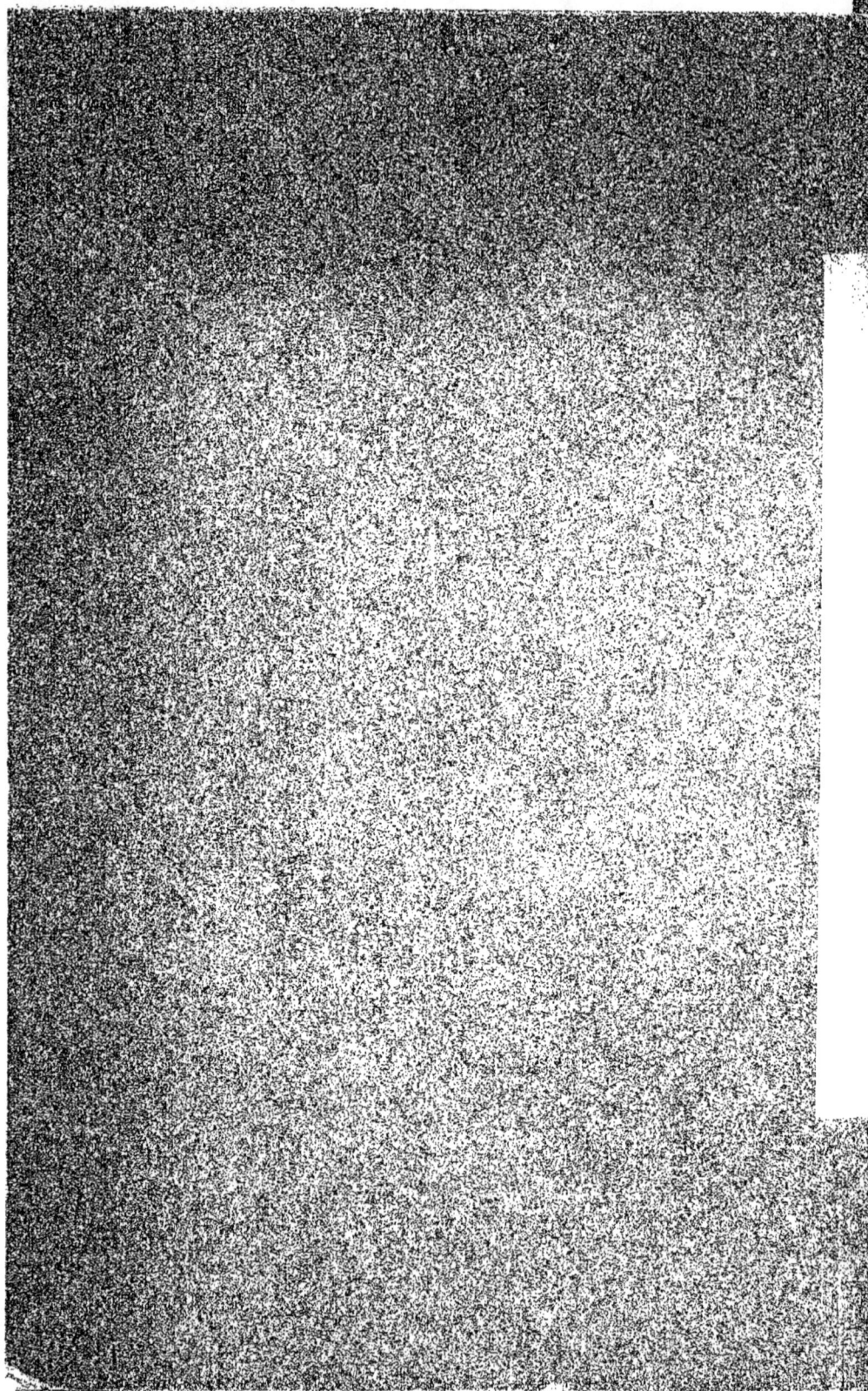

www.ingramcontent.com/pod-product-compliance
Lightning Source LLC
LaVergne TN
LVHW022032080426
835513LV00009B/990

*9 7 8 2 0 1 1 3 2 9 0 8 0 *